렘브란트의 성서화 미학

렘브란트, 성서를 그리다

렘브란트, 성서를 그리다
- 렘브란트의 성서화 미학

2010년 3월 15일 초판 1쇄
2024년 9월 30일 초판 8쇄

지은이 김학철
펴낸이 서진한
펴낸곳 대한기독교서회

등록 1867년 8월 26일 제1967-000002호
주소 서울시 강남구 테헤란로103길 14(삼성동)
전화 출판국 02-553-0873~4, 영업국 02-553-3343
팩스 출판국 02-3453-1639, 영업국 02-555-7721
e-mail editor@clsk.org
https://www.clsk.org
facebook.com/clskbooks
instagram.com/clsk1890

책번호 1671
ISBN 978-89-511-1246-1 03230

The Christian Literature Society of Korea, Seoul
Printed in Korea

* 책값은 뒤표지에 있습니다.

렘브란트의 성서화 미학

렘브란트, 성서를 그리다

김학철

대한기독교서회

여는 말

'시대정신은 경제'라는 구호에 여럿이 고개를 끄덕이는 이때에, 태어난 지 400년도 더 된 한 화가와 그의 그림에 관한 글을 세상에 내놓으면서 변명을 하지 않을 수 없다. 입을 열지도 않은 채 '그것 해서 뭐하겠다는 것인가?'라고 묻는 냉소와 절망의 눈동자에 먼저 답해야 한다. 나 역시 그 충혈된 눈의 주인 중 하나이니 렘브란트의 답변을 기다린다.

글쎄, 내가 채권자들에게 빚을 독촉받고 있는 지금의 상황 때문인지는 몰라도, 젊은 날의 야망을 꿈꾸던 내가 아니오. 이제는 보다 조용한 분위기로 귀결되는 나의 그림을 보며 스스로 마음의 평안을 얻고자 하오. 예전의 카라바조나 루벤스의 영향을 수용하는 자세를 폐기하고 나만의 깊은 사색을 통해 작품을 제작한다오. 내가 젊었을 때에는 명성을 갈구했소. 나의 야망을 충족시키기에 고향 레이덴은 너무 좁았고, 1630년 암스테르담 전시회가 성황을 이루자 결국 그곳에 정착하게 되었지. 그리하여 당신을 만나서 결혼하게 되었지만… 외부적인 경제 환경이 어려우면 어려울수록 나의 정신적 성숙과 표현의 힘은 날로 더해지는 것 같소. 이러한 상황 속에서 좌절하기보다 회화적으로 소생하려고 발버둥치고 있는 것이오. —렘브란트, 〈죽은 아내를 그리며 쓴 편지〉 중에서

"좌절하기보다 회화적으로 소생하려고 발버둥치고" 있다니, 또 "스스로 마음의 평안"을 구하며 "정신적 성숙과 표현의 힘"을 날로 얻고 있다니, 어렵다는 "외부적인 경제 환경"에 맞서 오늘을 사는 이들에게 렘브란트는 동지인 셈이다. 좌절하기보다는 회화적으로 소생하려고 했던 발버둥을 살펴보는 일이니 가치 있지 않은가. 더구나 그 분투는 악을 쓰며 주위를 소란케 하는 것이 아니라 우리가 가보지 못한 멋진 세상의 소식을 들려주는 '예술'이니 말이다. 분석과 실증의 시대라도, 아니 그것에 함몰되어 있는 우리이기에 예술은 더욱 필요하다. 그래도 '그것은 부르주아들의 사치와 낭비적 행태'라고 고발하고 싶은 마음이 남아 있다면, 스위스의 신학자이자 로마 가톨릭의 추기경을 지낸 한스 우르스 폰 발타자르(Hans Urs von Balthasar, 1905-1988)의 통찰 앞에 서보자.

낭비는 기독교의 근본적인 태도이다. [예수의] 수난 전체는 세상을 위한 하나님의 완전한 자기 낭비라는 표시 아래 일어난다.

예수가 하나님의 아들이며, 나아가 하나님 자신이고, 자신을 낮춰 스스로를 대속물로 내어주려고 했다는 것, 그것도 의인이 아니라 죄인을 위하여

수난과 수치를 당했다는 것, 이는 신교와 구교를 떠나 모든 그리스도인들의 고백이다. 발타자르에 따르면 그것이야말로 최고의 '낭비'이다. 하나님이 피조물, 그것도 하나님을 배반한 인간을 위해 자신의 아들을 희생하는 것 이상의 과소비 혹은 어리석은 교환이 없다. 나아가 발타자르는 예술을 비웃는 이들을 향해 일갈한다.

> 예술의 이름을 과거 부르주아의 장식물처럼 비웃는 사람은—그가 인정하든지 않든지 간에—누구든지 더 이상 기도할 수 없고 그리하여 곧 더 이상 사랑할 수 없게 되리라고 확신할 수 있다.

발타자르의 단정적인 말을 그대로 받아들일 수는 없다 하더라도, 하나님과 기독교 신앙에 관한 그간의 논의가 간과해온 것이 무엇인지는 충분히 드러난다. 발타자르는 하나님의 아름다움과 그 아름다움을 간직한 피조물, 그리고 그 둘 사이에 존재하는 아름다움에 신앙의 눈을 돌려야 한다고 역설하고 싶었다.

실로 우리는 하나님의 참되심(眞)과 옳으심(善)에 관해서 수많은 말들을 쏟아놓았으나 정작 우리를 매혹하고 고양케 하는 그분의 아름다움(美)에 대해서는 무관심하였다. 성서가 처음부터 끝까지 하나님과 그분의 창조 및 역사 가운데 속속들이 들어찬 아름다움을 찬미한다는 점을 생각해보면, 아름다움에 대한 우리의 무관심은 놀랍기까지 하다. 그동안 우리는 그분의 참과 옳음을 애타게 요구할 수밖에 없었던 굴곡진 세월을 보냈나 보다.

세상을 정화하고 구원하는 그분의 아름다움을 잊고 지낸 것은 우리의 불행이었다. 아름다움이 결여된 참과 옳음은 세상을 구원하기보다는 파괴한다. 창세기를 보면 아름다움이야말로 창조의 목적이었다. 작은 창조자로 지음 받은 인간의 예술 활동은 창조자 하나님의 아름다움을 부분적으로나마 포착한다.

> 예술을 통해 우리는 가끔—희미하게 나마 잠시 잠깐—이성적 사고로는 얻을 수 없는 계시를 받는다. 이는 마치 동화 속에 나오는 그 작은 거울과 같다. 거울을 들여다볼 때 당신이 보게 되는 것은 당신 자신의 모습이 아니다. 잠시 당신은 어떤 도달할 수 없는 곳, 어떤 말이나 마술 양탄자도 데려가 줄 수 없는 그곳을 흘끗 보게 된다. 우리의 영혼이 갈망하는 바로 그곳.—솔제니친(Alexander Solzhenitsyn), *One Word of Truth* 중에서

이것이 바로 피조물이자 작은 창조자인 인간의 예술 활동을 새삼스럽게 강조하는 이유이다. '우리의 영혼이 갈망하는 바로 그곳' 을 본 영혼은 더 이상 그곳을 보기 전의 상태로 돌아갈 수 없다. 아름다움은 우리의 영혼을 고양하며 정화한다. 고양된 영혼은 우리 자신의 육체를 낯설어 하다가 더욱 진실하게 사람 사이에 놓인 우리의 몸을 바라보게 된다. 그리고 마침내 예술의 도움으로, "이제야 나는 그리도 오래되고 너무도 신선한 아름다움이신 당신을 사랑하나이다."라는 성 아우구스티누스(St. Augustinus)의 찬양에 동참하는 동시에 시대의 어려움을 신앙의 성숙과 그로부터 얻어지는 평강으로 극복하게 된다.

렘브란트의 예술은 하나님뿐만 아니라 그분과 연관된 피조물의 아름다움을 높이고 우리를 그에 감격하는 찬양대로 만든다. 렘브란트의 예술이 인류의 최고봉이라 할 수는 없다. 그러나 그 봉우리에 오른 등반객은 아름다운 하나님 및 그분의 세계와 조우하는 기회를 갖게 된다. 자부심이 강했던 렘브란트 스스로도 자신의 예술 속에 어우러진 영원과 시간, 영과 육, 빛과 어둠 등의 역설적 현현이 빚어내는 아름다움을 다 깨닫지는 못했을 것이다. 바울의 비유를 사용하자면 렘브란트는 자신의 질그릇 속에 담긴 보화를 다 알지 못했다. 보화를 담은 질그릇은 이를 다른 이들에게 보여주는 데에 자신의 임무가 있으니 이상할 것도 없다. 자신의 가치를 진정으로 알았던 거장은 없다.

마지막으로 변명, 아니 변명이라기보다는 독자들에게 사과할 것이 있다. "감히 그림에 관해 말하려고 하는 것을 사과해야 한다."(Paul Valéry) 전설적인 무용가에게 한 기자가 이렇게 물었단다. "선생님, 춤으로 말씀하시려는 것이 무엇입니까?" 그랬더니 이런 답변이 돌아왔다. "그걸 말할 수 있다면 제가 왜 춤을 추겠습니까?" 말할 수 있었다면, 글로 표현할 수 있었다면 렘브란트가 굳이 그릴 이유는 없었을 것이다. 렘브란트는 말과 글이 아니라 그림으로 '보여주어야 했다.' 비트겐슈타인(L. Wittgenstein)의 경구는 렘브란트의 보여줌을 잘 설명할 수 있다. "보여질 수 있는 것은 말해질 수 없다."(Was gezeigt werden kann, kann nicht gesagt werden) 이 번역이 정갈한 우리말이 아님을 안다. 그러나 이 의도적인 '번역투' 외에 달리 대안이 없다. 렘브란트의 그림은 보아야 한다. 아니 그 그림에는 '보임'이 있다. 능동적인 봄이라기보다는 그림에 '보임'이 있고, 다시 비트겐슈타인의 말을 빌리자면 그것은 신비한 것(das Mystische)이다. 말하고 쓸 수 있는 것은 분명히 말하고 쓸 것이다. 그러나 말할 수 없는 것은 분명히 말하지 말아야 한다. '사고의 논리적 명료화'가 달성되는 곳까지 말과 글, 곧 미술비평의 임무가 있다. 그러나 그 너머는 '영원한 형상 아래에서'(sub specie aeternitatis, Benedict de Spinoza) 인식이 이루어진다. 독자들에게 사과한다. "'보여질 수 있는 것'에 관해서는 그림 속에서 '보임'과 직접 만나셔야 합니다. 안내자가 거기까지 함께 가지는 못합니다."

이 책은 『기독교사상』에 연재한 글을 고치고 새로운 글을 덧대어 묶은 것이다. 연재를 시작할 때는 이 글이 책으로 엮이리라고 예상하지 못했지만 나름 체계는 고려했다. 이 책은 렘브란트 성서화 미학의 서론, 프로이트 계열의 학파가 예술의 근본적 원동력으로 간주하는 에로스와 타나토스, 성서화에 나타난 신앙의 삼덕(三德), 예수 상과 자화상에 나타난 실재와 '나'의 나타남과 사라짐 등의 순으로 쓰였다. 이를 통해 나는 렘브란트가 우리에게 펼쳐 보이는 성서 이야기의 풍경화와 예술의 정수를 파악할 수 있는 예술의 정물화가 제법 잘 드러날 수 있으리라고 판단했다.

애당초 6개월 정도 기획된 연재였는데, 편집주간이신 한종호 목사님은 1년으로 기간을 연장하도록 하셨다. 『기독교사상』과의 인연을 맺어준 연세대학교 학부대학의 민경식 교수님은 글이 연재되던 내내 필자의 치기를 따뜻하게 받아주며 위로를 전해준 고마운 선배님이다. 『기독교사상』의 이영란 기자님도 필자가 감사해야 할 분이다. 대한기독교서회의 출판국장이신 서진한 목사님과 '그림 책'을 만드시느라 고생하신 권오인 과장님, 이혜자 계장님을 비롯한 분들에게 감사의 말씀을 드린다.

이 책은 두 분께 학문적 연원을 둔다. 한 분은 성서학자로 출발하셨다가 한국문화와 기독교를 살피시고 이후에는 풍류신학의 여로에서 예술신학의 항구에 도착하신 유동식 박사님이다. 유동식 박사님은 부박한 글을 읽으시고도 학문적 손자뻘에 해당하는 사람에게 과분한 칭찬을 아끼지 않으셨을 뿐 아니라 때때로 격려의 전화를 주심으로써 글을 쓰는 내내 큰 힘이 되어주셨다. 예술신학의 선구자로 앞서 닦아놓으신 그 길 덕분에 후학은 수월히 걸어갈 수 있었다.

다른 한 분은 연세대학교의 부총장이신 서중석 교수님이다. 대학입학 면접시험장에서 면접관으로 그분을 처음 뵈었다. 그 후로 20년이 넘게 흘렀다. 돌이켜보니 '세월'이다. 인생과 학문의 스승을 허락하신 하나님께 나는 감사의 기도를 드린다. 이 책의 성서해석에서 빛나는 부분이 있다면 그것은 그분에게서 비롯된 것이다.

한치 앞도 못 내다보는 해진 돛의 조각배가 거친 바다에서 그나마 좌표를 잡으며 항해하도록 예술의 등대와 성서의 돛과 키가 되어주신 두 분께, 이 책을 헌정하고자 한다.

2010년 1월

신촌 연구실에서

김학철

Contents

여는 말 • 5

제1부 렘브란트의 성서화로 나아가다

1 _ 렘브란트의 삶과 신앙, 그리고 성서화를 읽는 길 • 19

렘브란트의 삶과 신앙 • 19 | 렘브란트의 성서화를 읽는 길 • 24

2 _ 성서의 뜻이 드러나는 법 • 27

렘브란트의 <마태와 천사> vs 카라바조의 <마태와 천사> • 29 | 렘브란트의 <예언자 안나> vs 도우의 <예언자 안나> • 33 | 논쟁하는 두 사도 <베드로와 바울> • 37 | <설교자 앙슬로>의 성서로 인도하는 손 • 42

3 _ 렘브란트 성서화의 변증법 • 46

<설교하는 세례자 요한>와 다섯 마리의 개들 • 48 | <선한 사마리아인>과 똥 누는 개 • 54 | 탕자 렘브란트와 사스키아 • 62

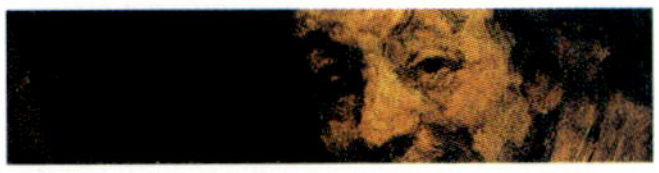

제2부 에로스와 타나토스

4 _ **새롭게 해석된 여인들** • 67

렘브란트의 <들릴라>–들릴라가 그린 들릴라 • 70 | <간음하다 잡혀온 여인>–빛 가운데 놓인 속죄제물 • 77

5 _ **밧세바와 다윗 혹은 아름다움과 권력** • 87

밧세바–고민하는 아름다움 • 89 | 다윗의 밧세바 소환장 • 95 | 다윗, 용서를 구하다. 그러나… • 100 | 남은 말 • 103

6 _ **허무의 계시–바니타스** • 105

바니타스 바니타툼 옴니아 바니타스 • 105 | 바니타스의 태반, 자본주의의 빛과 그림자 • 109 | <어리석은 부자>와 바니타스 • 114

7 _ **죽음을 그리다** • 120

죽음과 소녀–죽음, 전체 삶을 장악하다 • 121 | <도살된 소>–죽음 앞에 선 삶의 무의미성 • 124 | <해부학 교실>–죽음을 이해하고자 • 127 | <제욱시스로 분한 자화상>과 <그리스도를 안고 있는 시므온>–죽음과의 화해 • 131

Contents

제3부 믿음, 소망, 사랑

8 _ 의심에 맞선 믿음 • 139

갈릴리 바다 폭풍 가운데 있는 예수와 제자들 • 140 | 나사로의 소생 • 147

9 _ 절망이 낳는 희망 • 157

낙관과 절망 사이에 • 157 | 하나님의 말씀, 예레미야의 절망과 희망 • 159 | 사도의 절망, 배신자의 희망 • 166

10 _ 늙은 아버지의 사랑과 슬픔 • 178

<늙은 아버지의 사랑과 슬픔> 비유의 배경과 이전의 두 비유 • 180 | 집에 남은 탕자, 집을 떠나는 탕자, 늙은 아버지의 사랑과 슬픔 • 185 | 집으로 돌아온 탕자, 집으로 들어가지 않는 탕자, 늙은 아버지의 사랑과 슬픔 • 190

제4부 예수 상과 자화상

11 _ 인간 예수, 하나님을 보여주다 • 201

피난 가는 하나님의 가족 • 203 | 십자가에 달린 하나님 예수 • 212

12 _ 예수와 '나'를 찾아 가는 길—예수 상과 자화상 • 222

엠마오의 예수—실재의 드러남과 숨음 • 224 | 렘브란트의 자화상—'나'의 드러남과 숨음 • 235

부록 _ 렘브란트 표면적 생애 개관 • 241

그림 차례 • 245

제1부

렘브란트의 성서화로 나아가다

17세기 네덜란드 사람의 그림을 현대 한국인이 보고 이해한다는 것, 그것은 기적에 가깝다. 같은 시대를 살아도 지역이 다르면 서로 소통하기 어렵고, 같은 지역에 산다 해도 시대가 다르면 의미 있는 의사교환은 일어나기 힘든 법이다. 더군다나 무려 400년 전 네덜란드라니…….

제 1부에서는 렘브란트와 그의 성서화에 다가가기 위한 준비를 하기로 하자. 렘브란트가 그린 성서화 배후에 어떤 신앙이 숨어 있었을까? 어떤 의미에서 그의 성서화가 예술적 직관과 지성적 성찰에서 비롯되었다고 할 수 있을까? 렘브란트에게 성서란 어떤 문서였고, 어떤 과정이 성서의 뜻을 드러내기에 적합한 길이었는가? 나아가 렘브란트는 화가로서 자신에게 피어오르는 성서와 삶의 의미를 어떻게 형상화했는가? 제 1부는 이런 질문들에 대해 차근차근 대답한다.

1

렘브란트의 삶과 신앙, 그리고 성서화를 읽는 길

렘브란트의 삶과 신앙

렘브란트(1606-1669)가 살았던 17세기 네덜란드는 칼뱅주의(Calvinism)의 영향력이 지대하던 곳이다. 칼뱅주의 교회들은 대규모 제단 장식화(altarpieces)나 공공장소에 배치할 종교적 작품을 주문하는 일이 거의 없었다. 도리어 엄격한 칼뱅주의자들은 이미지 제작에 혐오의 눈길을 보냈다. 이는 가톨릭교회가 예술에 대해 취한 태도와 반대였다. 중세 시대의 로마가톨릭교회는 시각 예술의 가장 든든한 후원자였고, 종교개혁 이후로도 여전히 예술 작품의 주문자로 남아 있었다. 렘브란트가 활동하던 시대의 예술 양식인 바로크(Baroque) 역시 가톨릭의 정서와 어울리는 것이었다. 가톨릭 화가인 루벤스(Rubens)나 베르니니(Bernini) 등이 발전시킨 바로크는 폭발할 듯한 힘, 화려한 색조, 극적인 빛과 어둠의 대조, 그림의 연극적 요소 등을 강조하였는데 이는 가톨릭의 반종교개혁 이념에 적합한 그림 기법이었다.

종교적 후원자가 없던 17세기 프로테스탄트 국가 네덜란드에서 비가톨릭교도 렘브란트의 수많은 작품 중 거의 3분의 1이 성서화였다는 사실은 놀랍기만 하다. 특히 그의 드로잉 중 성서 장면을 그린 작품은 약 700여 점에 이른다. 유화 혹은 수채화나 에칭이 한 미술가의 공적인 예술 활동이라면 드로잉은 내적인 목소리를 담는다. 드로잉은 문득 떠오르는 작가의 생각이나 관찰, 실험적 구도를 기록하는 것으로 볼 수 있는데, 이는 다른 이들에게 보여주기보다는 자신을 위한 것에 가깝다.

성서 이야기를 그린 작품의 수와 종류는 렘브란트의 예술 정신이 성서와 대단히 친밀했음을 보여준다. 성서와 관련된 생각들이 불쑥불쑥 솟아오를 정도로 성서는 그의 예술적 영감의 원천이었다. 렘브란트는 성서의 여러 이야기를 그렸을 뿐 아니라, 한 주제 혹은 한 장면을 여러 차례 반복해서 그렸다. 이것 역시 그의 삶과 예술에서 성서가 매우 중요한 자리를 차지하였음을 보여주는 단서이다. 렘브란트는 성서 이야기를 시간을 두고 되새김했다. 특히 경제적으로 넉넉지 않았던 말년에 주문도 받지 않은 성서화를 쉼없이 제작했다. 그것은 예술과 신앙을 재료 삼아 자신의 인생을 치열하게 향유하는 렘브란트만의 방식이었을 것이다.

말년의 렘브란트를 젊은 시기 렘브란트와 비교해보면 그의 예술에서 성서가 점차 중요성을 띠게 된 흐름도 어렵지 않게 파악할 수 있다. 1630-1640년대 렘브란트는 화가로서 성공을 거두었다. 레이덴(Leiden) 출신의 젊은이는 암스테르담(Amsterdam)에서도 번화한 거리에 큰 집을 소유하게 되었다.

그 집의 소유는 렘브란트가 화가로서 얻은 명예와 부를 상징했다. 그러나 1642년 아내 사스키아(Saskia)가 죽고 난 뒤 렘브란트의 경제적 상황은 급격하게 변했다. 그는 파산했고, 작품들과 소유물들은 경매로 처분되었다. 제자조차 들일 수 없는 작은 집으로 이사했지만 어려운 경제적 여건이 개선될 여지는 보이지 않았다. 1650년대에 들어서면서 사람들은 어딘가 무거운 듯한 렘브란트 스타일의 그림을 더 이상 찾지 않았다. 그보다는 우아한 기법—그러나 렘브란트는 전혀 따라하고 싶어하지 않았던—으로 그림을 그리는 화가에게 주문이 쏟아졌다. 새로운 시청 벽, 곧 둥근 천장이 벽에 닿아서 이루는 반원형의 12벽면(lunettes)에 걸릴 그림 주문은 한때 그의 제자였던 플링크(Flinck)에게 돌아갔고, 플링크가 갑자기 죽었을 때 렘브란트는 그 벽에 자신의 한 작품을 걸려고 시도했지만 시의회에서 보기 좋게 거절당하기도 했다.

렘브란트가 완전히 잊혀진 것은 아니었다. 여전히 그를 존경하는 사람들이 있었고, 그에게 초상화를 의뢰하는 이들도 있었다. 그러나 렘브란트는 더 이상 인기 작가가 아니었다. 놀라운 점은 바로 이렇게 사회적 인정과 경제적 여건이 어려울 때 렘브란트가 판매되지 않을 성서화와 종교적 인물 초상화를 대단히 높은 완성도로 제작하였다는 것이다. 아마추어라도 그 그림들이 화가의 신념이나 종교적 믿음 혹은 신앙의 힘에서 비롯된 것임을 감지할 수 있다.

그러나 그는 통상적인 의미로 '신앙 좋은 사람'은 아니었다. 심오한 성서화가 렘브란트 역시 우리와 같은 한 인간이었다. 그의 지나친 자부심은 때로 주위의 비난을 받았다. 괴팍한 베토벤의 행적과 비견할 정도는 아니지만 그는 주위 사람들에게 호감을 주는 따뜻한 사람이 아니었다. 그의 성서화에

낭만적으로 경도된 사람들은 렘브란트를 고귀하고 거룩한 신앙의 소유자인 양 높이고, 그에게 찬탄의 언사를 선사하지만 렘브란트가 그 찬사에 동감했을지는 의문이다. 그는 온유하고 겸손하며 신실하기보다는 거칠고 자존심이 강했으며 돈과 여성과의 관계에서 통상적인 도덕이나 윤리에 어긋나기도 했다. 그의 삶에 대한 일방적인 찬사나 일방적인 비난은 그와 그의 그림을 파악하는 데 별다른 도움을 주지 않는다. 다만 부정할 수 없는 사실은 그가 살았던 17세기 네덜란드의 정황과 그의 개인사를 고려할 때, 또 그가 그린 성서화의 수를 감안할 때 성서가 그의 예술에 매우 중요했다는 것이다. 그렇다면 그는 칼뱅주의 교회와 가톨릭의 양대 교회 사이에 어떤 신앙을 가지고 있었을까?

렘브란트의 아버지는 가톨릭교회를 떠난 이른바 개신교도였던 반면, 그의 어머니는 끝까지 가톨릭교회에 남아 있었다고 한다.(어떤 이들은 아버지를 가톨릭교도로, 어머니를 개신교도로 추정한다.) 렘브란트의 가정은 대체로 개신교 분위기였으나 정통 칼뱅주의는 아니었고 레몬스트란츠(Remonstrants)라고 불리던 교파에 속해 있었다. 이 교파는 아르미니우스(Arminius)의 견해를 따르던 네덜란드의 개신교도들로 이루어졌는데, 엄격한 칼뱅주의자들에 반대하여 다음과 같은 신앙을 내세웠다. 하나님의 예정은 절대적이지 않고 잠정적인 것이며, 속죄는 보편적이고, 사람은 혼자서 구원의 믿음을 행사할 수 없으며, 하나님의 은혜는 대단히 중요하지만 불가항력적이지는 않고, 신앙인들은 죄에 저항할 능력은 있으나 은혜로부터 떨어져서 그렇게 할 수는 없다.

렘브란트의 가정은 이러한 신앙 아래 있었지만 장성한 렘브란트는 정통 칼뱅주의 교회는 물론 레몬스트란츠 교회의 일원이 되지도 않았다. 다만 자신의 그림을 사주던 그들과 접촉했을 뿐이다. 렘브란트는 가톨릭교도 역시 자신의 고객으로 거리낌 없이 받아들였다. 어머니가 가톨릭교도였던 영향도 있지만 그의 스승이었던 피터르 라스트만(Pieter Lastman)이나 경쟁의식을 가지고 있었던 루벤스(Peter Paul Rubens)나 티티안(Titian) 모두 가톨릭교도였기에 그는 가톨릭교도들과 기꺼이 어울릴 수 있었다. 예수의 어머니 마리아를 묘사한 렘브란트의 몇몇 작품은 가톨릭적이라 불릴 만하다.

한편 1640년대 렘브란트의 제자였던 카일(B. Keil)은 렘브란트가 종교개혁 당시 재세례파로 분류될 수 있는 메노나이트(Mennonite)의 신앙을 공개적으로 고백했다고 알려주었다. 이 정보를 완전히 신뢰할 수는 없지만 렘브란트가 메노나이트에 관심을 보였다는 증거는 있다. 16세기 네덜란드에서 메노나이트는 이단으로 규정되어 고문당하고 처형되었다. 17세기 들어서 상황은 개선되었지만 유럽의 일부 도시에서 메노나이트는 여전히 박해받는 교파였다. 그런데도 렘브란트는 최소한 네 명의 메노나이트 설교자들의 초상화뿐만 아니라 메노나이트의 창시자격인 메노 시몬스(Menno Simons)가 강조한 성서 이야기들과 외경에 속한 이야기들(예를 들어 수산나와 토비트)을 그렸다. 메노나이트는 예수를 교사이자 인간 고통의 치유자로 강조하는데, 이러한 점 역시 렘브란트의 예수 상에서 종종 나타난다. 메노나이트의 비폭력적 평화주의와 이웃을 위한 헌신에 렘브란트의 마음이 움직였는지, 아니면 하나님의 은혜를 간절히 구하면서 인간의 연약함과 타락을 고백하는 교리에 지적으로 동의했는지, 아니면 둘 다 렘브란트에게 호소력이 있었는지 확정할 수는 없다. 다만 인간의 인간 됨, 곧 인간적 연약함을 거리낌 없이 드러내면서 동시에 초월적 평화와 진리를 갈구하는 후기 그의 종교 초상화들에서 우리는 그의 종교적 신앙의 핵심을 찾을 수 있을지도 모른다.

렘브란트의 성서화를 읽는 길

17세기 칼뱅주의와 자본주의의 네덜란드를 살면서 고대 지중해 세계에서 성립한 성서 이야기를 읽고 그렸던 렘브란트의 그림은 단순히 장식용 성서에 들어가는 삽화가 아니다. 그보다는 일종의 해석, 다른 말로 하면 시각적 주석(visual exegesis)이라고 평가할 수 있다. 이 시각적 주석을 접할 때 우리는 렘브란트의 성서화가 이른바 '두 지평의 융합'(Horizontverschmelzung)의 결과임을 인식해야 한다. 렘브란트의 성서화는 성서와 렘브란트의 예술적 지평이 서로 융합하면서 탄생하였다. 이 지평의 융합은 렘브란트의 성서 이해인 동시에 이전에는 감추어졌던 진리의 나타남이다. 이를 알기 위해 우리는 성서와 렘브란트 그림이 갖고 있는 세 차원을 기억해야 한다.

나는 성서가 세 가지 차원을 갖고 있다고 생각한다. 이 세 차원을 은유로 표현할 수 있는데, 거울, 창(窓), 스테인드글라스가 바로 그것이다. 거울로서의 성서는 성서의 저자와 그가 속한 공동체, 그리고 일차 청중/독자의 문화와 역사를 반영한다. 이는 성서를 역사적 문서로 간주한다는 것이다. 한편 창으로서의 성서는 이 세상 너머의 세상, 곧 피안의 세계를 보여준다. 보이는 세계가 존재하는 모든 것이 아님을, 예수의 선포에 따르면 '하나님의 나라'를 감지하게 한다. 이때 성서는 신학적 혹은 종교적 문서이다. 마지막으로 스테인드글라스로서의 성서는 영원의 빛이 현실로 들어올 때 온갖 아름다운 형상과 색을 띠고 옴을 은유한다. 스테인드글라스, 곧 영원의 빛과 그에 참여한 인간의 솜씨가 함께 빚은 아름다움을 성서는 갖고 있다. 성서는 '글'로 된 것이기 때문에 그 예술성은 문학적 형태로 나타난다. 스테인드글라스로서의 성서는 문학적 문서이다. 이 세 은유가 렘브란트의 그림을 읽을 때도 적용될 수 있을까? 나는 하나의 텍스트로서 렘브란트 그림도 이러한 은유로 접근할 수 있다고 생각한다.

렘브란트의 그림은 '거울'로서 렘브란트 자신과 그가 속한 사회, 문화, 역사를 반영한다. 또한 그의 그림에 대한 대다수의 평(評)이 일치하듯 그의 그림은 보이는 것, 곧 사람과 사물 표면 배후를 드러내려고 하였다. 화가로서 렘브란트는 전경(前景) 뒤의 후경(後景) 혹은 표피가 숨기고 있는 속살에 관심을 가졌다. 따라서 성서화가 렘브란트가 성서 이야기를 재현할 때 그 이야기의 배후에 놓인 세계에 관심을 기울였을 것임은 어렵지 않게 추정할 수 있다. 이는 렘브란트의 그림이 '창'이었음을 알려준다. 마지막으로 렘브란트에게 영원을 현실에 드러내는 '스테인드글라스', 곧 영원과 그것을 드러내는 매체는 '그림'이었다. 그는 '그림'이라는 예술적 매체를 통해 하늘과 땅, 내면과 외면, 성과 속을 연결하였다. 렘브란트의 그림, 곧 지평의 융합으로 발생한 그의 시각적 주석을 비평할 때 우리는 성서의 세 차원과 그림의 세 차원을 각각 고려해야 한다. 특히 나는 성서학자로서 기존의 렘브란트 그림 비평이 성서적 지평을 정당하게 다루지 못했다고 생각한다. 이로 인해 렘브란트의 시각적 주석의 창조성과 적합성 혹은 창조적 오독이 제대로 드러나지 못했다.

렘브란트의 그림을 시각적 주석으로 읽는다는 것은 성서와 그림의 세 차원을 각각 고려하여 렘브란트의 그림과 그에 해당하는 성서 본문의 만남을 응시한다는 것을 의미한다. 구체적으로 말하면 렘브란트의 성서 본문 읽기 행위는 그림의 형태와 색으로 드러나는데, 본문의 차원이 그림의 차원과 어떻게 조우하는지, 어떤 것은 의도적으로 누락되는 반면 다른 어떤 것은 선택 혹은 강조되는지, 또 그렇게 형성된 이미지는 성서 본문 이해에 어떤 영향을 주는지, 더 나아가 성서 본문은 렘브란트와 그의 그림 이해에 어떤 힘을 미치는지가 검토된다. 이를 위해 성서와 렘브란트 그림의 세 차원이 심도 있게 각각 해명되어야 하며, 성서해석과 그림 기법의 전통과 관습적 표현 방식, 양 텍스트의 역사·문화·사회·경제적 배경, 그리고 그것들이 지시하는 초월적 세계에 관심을 기울여야 한다.

2

성서의 뜻이 드러나는 법

:: 배경이 되는 말씀

누가복음서 2:36-38, 갈라디아서 1:18, 2:11-14

우리나라의 기독교 특별히 개신교를 냉소적으로, 그러나 정확하게 표현한 농담을 기억한다. "한국의 기독교는 세 종류로 나뉜다. 보수적인 기독교, 더 보수적인 기독교, 극도로 보수적인 기독교." 전통을 권위 있게 여기고 이를 신중하게 대하는 '보수'는 건강하다. 그러나 전통에 붙은 권위의 껍데기에 집착하고 내용에는 무관심하거나 무지하다면, 우리는 이를 수구주의 혹은 수구적 권위주의라고 부른다. 수구적 권위주의는 자신이 사랑하는 대상에게 명예를 돌리기보다는 도리어 그 가치를 훼손한다.

보수와 수구를 구분하는 기준은 성서를 대하는 태도를 살펴보는 데에도 유효하다. 이 땅의 그리스도인만큼 성서의 형식적 권위를 높이는 신앙인들도 드물 것이다. 이는 루터와 칼뱅 이후로 전개된 프로테스탄트 전통에서 비롯되었다. 루터나 칼뱅이 성서의 권위를 현격하게 높이고 강조한 데에는 교회정치학적 배경이 숨어 있다. 종교개혁자들은 로마 교황에 견줄 만한 종교적 권위를 제시할 필요가 있었다. 그 권위는 교황처럼 눈에 보이면서도 교황보다 오래되고 또 신적인 것이어야 했는데, 성서가 바로 그 권위로 등장한 것이다. 이에 로마 교황에게 공식적으로 부여된 주장이 성서에도 전이되었다. 교황이 오류를 범할 수 없다고 주장되었듯 '성서는 무오류'라는 생각이 새삼스럽게 강조되어 적용되었다. 그러나 루터나 칼뱅 당대에는 이른바 전체 영감설 혹은 성서의 문자적 무오류설이나 축자영감설이 본격적으로 시작되지 않았다. 그것이 '진리'로 받들어진 것은 종교개혁 2-3세대 뒤의 일이다. 이후 성서를 대하는 이 특정하고 역사적인 태도는 선교사들을 통해 우리 땅에 들어왔다. 그러나 성서의 문자적 무오류설 혹은 전체 영감설은 현재로서는 수용될 수 없거나 무의미한 설(說)이다. 무오류라고 가정할 수 있는 성서의 원문 자체가 이미 사라졌기 때문이다. 현재 세계의 사람들이 보는 모든 성서는 학자들이 사본을 통해 재구성한 것이다. 따라서 문자적 무오류설에 대한 집착은 성서에 명예를 돌리기보다는 성서를 이해하는 데 도리어 문제를 야기하게 한다.

21세기 대한민국의 의무교육을 성실히 받은 사람이라면 서로 상충하는 성서의 언급들을 찬찬히 훑어보면서 성서의 문자적 영감설을 '이해'할 수 없을 것이다. 진리로 선포되는 '축자영감설' 앞에 신자들은 그들의 합리성을 내려놓고 오직 '믿을' 것을 강요받는다. '믿음'이라는 미명 아래 사고, 논증, 이해, 이성, 토론 등은 잠시 사라져야 한다. 시쳇말로 '성서를 팔아 밥 먹고 사는 사람'은 이성적 사고를 거세당한 '아기'를 자기가 원하는 바로 몰아가며, 그 아기가 성숙한 어른이 되지 않기를 바랄지 모른다. 그저 고분고분한 아기, 동시에 자신에게 도움이 되는 힘세고 넉넉한 어른아기로 남아 있기를 원할지도 모른다. 이러한 상황에서 뛰어난 성서화가, 곧 시각적 성서 주석가였던 렘브란트의 그림을 보는 것은 흥미롭고 유익한 경험이다. 렘브란트는 그림을 통하여 자신의 성서관을 드러내는데, 그는 성서가 자신의 독자들을 충분히 사고하고, 뛰어나게 생각하도록 독려한다는 점을 아름답게 표현한다. 이는 당시 가톨릭의 영향 아래 있었던 다른 화가의 그림들과 사뭇 날카로운 대조를 이룬다. 또한 21세기 불필요하고 무익한 감투를 성서에 씌우는 우리들의 반성을 촉구하며, 새롭게 성서에 다가가도록 돕는다.

렘브란트의 〈마태와 천사〉 vs 카라바조의 〈마태와 천사〉

신약성서 맨 처음에 나오는 복음서는 스스로 저자를 밝히지 않는다. 다만 초기 교회의 저술가였던 이레네우스(Irenaeus)의 증언에 따라 첫 번째 복음서는 통상적으로 '마태' 복음서라고 불린다. 성서가 인간의 창작이라기보다는 하나님의 영감으로 된 글이라는 주장은 렘브란트 당시에 일종의 '상식'이었다. 그런데도 유독 사도 마태의 상징(attribute)은 천사였다. 회화 전통에서 천사는 하나님 말씀의 대언자로서 글을 기록하는 사람에게 영감을 주는 중개 역할을 담당한다. 렘브란트는 전통에 따라 마태와 천사를 함께 그려, 글을 기록하고 있는 사람이 마태임을 사람들에게 알린다. 렘브란트의 〈마태와 천사〉(그림 1)를 차분하게 살펴보자.

렘브란트의 그림을 볼 때 무엇보다 중요한 것은 그가 빛을 처리하는 방

그림 1 렘브란트, 〈마태와 천사〉, 1661, 유화, 96×81cm
상트페테르부르크, 에르미타슈 미술관

식이다. 그는 빛과 어둠을 극적으로 대비하는 미술 기법, 이른바 키아로스쿠로(chiaroscuro)를 효과적으로 사용한 화가였다. 키아로스쿠로는 빛과 어둠의 강한 명암 대비를 가리키는데 이는 화면의 특정 부분은 밝고 선명하게, 나머지 부분은 짙은 그림자 안에 처리하는 기법이다. 이를 통해 화가는 자신이 강조하고픈 바를 도드라지게 나타내면서 동시에 그림을 보는 사람에게 극적인 정서를 유발하도록 한다. 이를 근거로 하여 우리는 렘브란트가 그림 1에서 마태의 머리와 이마, 그가 무엇인가를 쓰고 있는 책을 강조하고자 했음을 알 수 있다. 더불어 관객은 그림 중앙에 자리 잡은 마태의 턱수염과 그 속으로 살며시 넣은 왼손에 자연스레 눈길이 가닿게 된다. 마태의 빛난 이마, 그가 쓰고 있는 글, 그리고 그 사이에 턱수염과 그것을 만지는 손가락. 이 세 가지 요소는 마태가 지금 숙고(熟考)하며 글을 쓰고 있음을 강조한다. 반면 성서를 기록하는 작업에서 천사의 역할은 대폭 줄어들었다. 렘브란트는 천사에게 작게 벌린 입과 코, 그리고 마태를 접촉하는 오른손에만 빛의 한 조각을 던질 뿐이다. 렘브란트의 마태는 한 뼘의 빛을 받고 있는, 아니 더 정확하게 말해서 몸의 대부분이 그림자 속에 숨어 있는 천사를 전혀 의식하지 못한다. 마태의 눈은 깊은 사색 속에서 앞을 응시한다. 렘브란트의 마태는 천사의 소리를 듣고 글을 적는다기보다는 자신의 지적 고투를 글로 옮기고 있다. 물론 마태가 의식하지 못한다 하더라도 천사는 분명히 존재하며 그는 마태에게 하나님의 말씀을 계시한다. 렘브란트의 〈마태와 천사〉는 바로크 시대의 위대한 화가이자 렘브란트가 의식적으로 경쟁하던 선배 화가 카라바조(Michelangelo da Caravaggio, 1573-1610)의 그림(그림 2)과 대조해볼 때 그 특징이 더욱 선명하게 드러난다.

카라바조는 자신의 〈마태와 천사〉에서 천사를 '위'에, 마태를 '아래'에 둔다. 이런 수직적 인물 배치는 렘브란트의 수평적, 더 정확하게 말하면 마태 뒤에 숨어 있는 듯한 천사와 마태의 관계와는 사뭇 다르다. 카라바조의 천사는 마태에게 손을 대지도 않고 속삭이지도 않는다. 천사는 '위'에서 '아래'에 있는 마태에게 무엇을 써야 할지를 알려준다. 아마도 이 그림에서 마태

그림 2 카라바조, 〈마태와 천사〉, 1602, 유화, 292×186cm
로마, 콘타렐리 성당

가 천사에게 할 수 있는 말은 "조금 천천히 말해주시오." 외에는 없을 듯하다. 카라바조의 마태는 생각하거나 골똘할 필요가 없다. 그는 발을 의자에 얹고 천사가 전하는 말을 지체 없이 받아쓰기만 하면 된다.

카라바조의 마태는 천상의 계시에 직접 노출되어 있다. 반면 렘브란트의 마태는 은밀한 계시를 받고 골몰히 자신이 써야 할 바를 숙고한다. 그는 분명히 드러나지 않은 계시와 자신의 지적 노력 사이에 있다. 렘브란트가 이해한 성서의 영감은 바로 이런 것이었다. 렘브란트는 하나님의 계시라 할지라도 그것이 인간의 지성과 무관하지 않다고 판단했다. 렘브란트의 마태와 카라바조의 마태 사이에 우리의 경험과 더 친숙한 쪽은 아무래도 렘브란트 쪽이다. 물론 다급하게 하나님의 말씀을 듣고 싶을 때 우리는 카라바조의 마태처럼 되고 싶지만, 대다수의 사람들은 렘브란트의 마태와 유사한 상황에 놓여 있다. 나아가 렘브란트는 카라바조의 마태 머리 위에 있던 사도의 후광(aura)마저 제거한다. 종교적 후광이 사라진 마태의 머리에는 이마를 드러나게 하는 일종의 끈, 곧 숙고와 명상의 상징만이 남아 있을 뿐이다. 이는 없는 듯 있는 신적 영역을 모를 듯 아는 여느 인간과 다를 바 없는 사도 마태를 표현한 것이다. 렘브란트는 이로써 사도 마태와 신적 후광이 없는 일반인들의 접촉점을 만들어냈다.

렘브란트의 〈예언자 안나〉 vs 도우의 〈예언자 안나〉

독자들은 계시와 숙고 사이에서 탄생한 성서를 어떻게 대해야 할까? 성서를 기록하는 마태가 그의 지성을 한껏 사용해야 했듯 성서를 대하는 사람이라면 누구나 지적 고투의 과정을 거치지 않으면 안 된다. 지적 태도로 성서를 대한다는 것은 무엇을 의미하는가? 그것은 한마디로 성서를 '읽는' 것이다. 더 정확하게 말하면 렘브란트는 성서란 '손을 대고' 이해하며 읽어야 하는 책이라고 생각했다. 이런 생각이 명확히 드러난 그림이 바로 〈예언자 안

그림 3 렘브란트, 〈예언자 안나〉, 1631, 유화, 60×48cm
암스테르담, 레이크스 미술관

나〉이다.(그림 3)

누가복음서 2:36-38은 예수를 기다리던 여성 예언자 안나를 소개한다. 안나는 일찍 과부가 되었지만 84살이 되도록 예루살렘의 구원자를 기다리며 밤낮으로 금식과 기도로 하나님을 섬겨왔다. 마침내 안나는 성전에서 예수를 만나 그가 이스라엘이 기다리던 메시아임을 공개적으로 선포하였다. 서양회화에서는 전통적으로 안나를 마리아와 요셉, 그리고 아기 예수와 함께 그렸다. 흔히 안나는 손을 들어 예수를 가리키며 그를 그리스도로 선포하는 모습으로 그려졌다. 한편 그녀가 예언자였기 때문에 정교회 도상학(iconography)에서는 종종 두루마리와 함께 그려지기도 했다. 따라서 렘브란트가 성서를 읽고 있는 예언자 안나를 그린 것은 정교회 전통의 도상에서 완전히 벗어난 것은 아니다. 그러나 렘브란트는 특유의 빛의 처리와 예언자 안나의 특정 부분을 매우 섬세하게 그려서 그림에 담긴 자신의 의도를 강조했다.

빛은 안나의 뒤로부터 와서 그가 머리에 두른 천을 금색과 갈색으로 빛나게 한다. 렘브란트의 안나는 빛이 자신의 뒤로부터 와서 자신의 머리 부분을 비추고 있음을 깨닫지 못한다. 마치 렘브란트의 마태가 천사의 존재를 깨닫지 못하듯이 말이다. 이 빛은 성서의 뜻을 밝혀주는 진리의 빛처럼 보인다. 그러나 빛은 자신을 적극적으로 드러내지 않은 채 비친다. 그리고 빛이 가닿은 안나의 손은 렘브란트의 믿기지 않을 만큼 정교한 붓질로 관객의 눈길을 사로잡는다. 히브리 글자 밑에 놓인 안나의 손, 곧 주름진 피부와 혈관이 뚜렷이 보이는 손은 마치 눈 대신 성서를 읽는 듯하다. 렘브란트는 안나가 '손으로 성서를 읽는' 장면을 그려낸 것이다.

〈예언자 안나〉는 렘브란트가 자신의 어머니를 모델로 그린 그림으로 알려져 있다. 몇몇은 그의 천재성을 이미 알아본 상태였지만, 그는 아직 무명이었고 경제적으로 모델을 쓸 여유도 없었을 것이다. 그러한 이유와 더불어 렘브란트는 가톨릭 신자였던 어머니를 프로테스탄트적 예언자 안나로 '거듭나게' 하고 싶었는지도 모른다. 자신을 낳아준 어머니를 그림 속에 태어나게

그림 4 헤릿 도우, 〈예언자 안나〉, 유화
파리, 루브르 박물관

하면서 렘브란트는 어떤 느낌이 들었을까?

렘브란트의 안나가 보여주는 특징을 더욱 잘 이해하기 위해서 우리는 렘브란트의 첫 제자이자 이후 렘브란트보다 더 비싼 값에 그림을 팔기도 한 헤릿 도우(Gerrit Dou)의 〈예언자 안나〉와 비교할 필요가 있다. 도우 역시 렘브란트의 어머니를 모델로 하였다.(그림 4) 도우는 렘브란트의 제자였지만 이후 렘브란트의 화풍에서 다소 멀어졌다. 여하튼 도우의 그림에서도 안나는 성서를 갖고 있다. 나는 일부러 '읽고 있다'라는 표현을 사용하지 않았다. 도우의 그림을 보라. 도우의 안나는 성서를 읽고 있는 것일까? 우리가 렘브란트의 안나의 특징을 살피기 위해서 안나의 손을 보았듯이 도우의 안나의 손을 보자. 도우가 그린 안나의 손은 성서를 읽고 이해하는 손이 아니라 기도하는 손이다. 기도하는 손에 들린 성서는 읽고 이해하는 성서가 아니라 낭송되는 성서이다. 낭송하기 위해 기도하듯 모은 손은 성서의 뜻을 해명하는 데에 관심이 있지 않다. 성서 본문을 낭송함은 이해와는 다른 차원에 속한 종교적 행위이다. 렘브란트에게 성서는 자신도 모르는 사이에 계시의 빛을 받아 손을 대고 읽고 이해해야 할 대상이었다.

논쟁하는 두 사도 〈베드로와 바울〉

더 나아가 렘브란트는 성서의 뜻이 해석의 경쟁, 다시 말해 토론과 논증을 통해 밝혀진다고 생각했다. 이를 단적으로 보여주는 특징적인 그림이 바로 〈논쟁하는 두 노인(베드로와 바울)〉(그림 5)이다.

이 그림의 첫 번째 소유자(Jacques de Gheyn)는 그림의 두 주인공을 베드로와 바울이라고 부르지 않고 그저 두 노인이라고 하였다. 베드로나 바울의 도상인 열쇠 혹은 검이 없기에 두 노인이 베드로와 바울이라고 완전히 단정할 수는 없으나 몇 가지 특징은 두 노인이 대표적인 두 사도임을 알려준다.

그림 5
렘브란트
〈논쟁하는 두 노인(베드로와 바울)〉
1628, 유화, 72.3×59.5cm
멜버른, 빅토리아 국립박물관

등을 보이고 있는 노인, 곧 다소 작고 단단해 보이는 몸, 머리 중앙에 적은 숱의 주인공은 베드로이다. 반면 그림에서 바울은 긴 수염, 넓고 빛나는 이마, 빛나고 동그랗지만 다소 파인 눈을 가지고 베드로를 바라본다. 위에서 설명한 특징은 비슷한 시기 렘브란트가 그린 베드로와 바울에서도 공통된다. 그런데 둘은 지금 무엇을 하고 있을까? 두 사람의 만남을 다룬 이 그림의 배경으로 선택할 수 있는 이야기는 갈라디아서 1:18과 2:11-14이다.

바울은 예수의 추종자들을 박해하다가 급작스럽게 변화하여 예수를 위한 이방인의 사도라는 자의식을 갖게 되었다. 엄격한 바리새파 출신인 그는 부활한 예수를 만나고 자신이 지금껏 쌓아온 지식과 사고방식을 근본에서부터 재점검해야 했다. 바울은 자신의 이전 유대인 동료들과 상의하지 않고 아라비아로 갔다가 다마스쿠스로 되돌아왔다. 바울이 삶의 전환 후 아라비아로 간 것에 대한 통상적인 해석은 그가 그곳에서 사색과 묵상의 시간을 보냈다는 것이다. 그러나 바울이 간 '아라비아'는 다마스쿠스 동남쪽에 있는 나바태아 왕국을 가리키고, 그곳에서 바울은 선교를 행한 것으로 보인다. 자신이 변화된 지 얼마 지나지 않아 선교에 임했다고 말하는 바울의 의도는 자신의 복음과 사도직이 하나님으로부터 왔음을 강조하기 위함이었다. 그로부터 3년 뒤, 드디어 바울은 예루살렘으로 올라가 게바, 곧 베드로를 만난다. 그 기간은 길지도 짧지도 않은 15일 정도였다. 그때 무슨 말을 하였을까? 이에 대해 한 유명한 신약학자는 이렇게 말했다. "아마, 둘이 만나서 날씨 얘기를 하지는 않았을 것이다." 이러한 추정의 근거는 분명하다. 갈라디아서 1:18에서 바울은 자신이 게바를 '만나려고'(historēsai, 히스토레사이) 하였다는데, 바울이 사용한 그 단어는 '자세히 질문하다', '질문을 통해 조사하다', '질문이나 조사를 통해 알아내다 혹은 배우다', '방문해서 지식을 얻다' 등을 뜻한다. 이 만남에서 바울은 주로 묻고, 베드로는 대답했을 것이다. 그렇다면 우리가 살피는 〈논쟁하는 두 노인〉의 배경 본문으로는 다소 어긋나는 면이 있다. 그림에서 무엇인가를 말하는 사람, 그리고 보다 주목을 끄는 사람은 베드로가 아니라 바울이기 때문이다. 그렇다면 갈라디아서 2:11-14를 이 그림의 배경으로 놓고 이해를 시도해볼 수 있다.

바울과 베드로의 만남을 다룬 이 본문은 이방 교회의 대표자격인 안디옥 교회에서 발생한 일이었다. 따라서 이 사건은 '안디옥 사건'이라고 불리는데, 바울은 그곳에서 베드로를 심하게 비판하였다. 이방 신자들과 거리낌 없이 식탁 교제를 나누던 베드로는 야고보로부터 사람들이 온다는 소식을 듣고 이방인들과의 식탁 교제를 그만두게 된다. 바울은 베드로의 이런 행동이 복음의 진리를 따르지 못한 두려움과 위선에서 비롯된 것이라고 격렬하게 비판하였다. 이에 대한 베드로의 응답이 무엇인지는 알려져 있지 않다. 그러나 베드로의 응답이 없었을 리도 없고, 이 사건에서 바울이 일방적인 승리를 거두었다고 추정하기도 어렵다. 바울과 베드로 사이에 벌어진 일을 두고 안디옥의 유대인 그리스도인들은 베드로를 따라 행동했고, 안디옥 교회의 대표적 인물인 바나바 역시 베드로의 행동에 동참하였다.(갈 1:13) 지지자들의 확보를 기준으로 갈등의 승패가 갈린다고 가정하면 이 사건의 승자는 베드로였다.

바울이 예수의 대표적 제자인 베드로를 향해 격한 말을 쏟아내는 이 이야기가 우리가 보는 그림의 배경으로 적당하다고 할 수 있다. 그림에서 바울은 눈을 크게 뜨고 베드로의 얼굴을 본다. 그의 입은 말하고 있고, 표정은 베드로가 잘못을 시인하기를 바라는 듯하다. 그런데 흥미로운 것은 바울이 자신의 권위나 체험으로 말하기보다는 한 책, 곧 성서를 권위의 근거로 채택하는 데에 있다. 바울은 오른손 검지손가락으로 자신의 주장의 근거가 성서에 있음을 베드로에게 알리려 한다. 렘브란트가 그린 베드로는 이 장면에서 바울보다 수세적 자세를 취하고 있다. 예수를 만나지 않았다면, 예수의 사도로 부름을 받지 않았더라면 감히 어부 베드로가 바리새파 중에서도 뛰어났다는 바울에게 맞서지 못했을 것이다.

그러나 사도 베드로는 바울의 날카로운 힐난이 끝나기를 기다리고 있다. 베드로는 바울의 말에 순순히 고개를 숙일 것으로 보이지 않는데, 베드로의 오른손가락이 이를 나타낸다. 베드로는 바울이 가리키는 성서 사이에 손가락을 끼워넣고 자신의 행동 역시 성서에 근거해 있다고 반박할 태세이다. 베드로는 왼손으로 성서의 왼쪽 면 위쪽을 단단히 붙잡고 있는데, 이는 베드로 자신도 '성서를 꼭 쥐고' 있음을 강조하는 자세이다. 물론 베드로와 바울 당시 이런 코덱스 형태의 책이 있었을 가능성은 없지만 렘브란트가 이 그림을 통해 암시하는 바는 분명하다. 바울이나 베드로 모두 성서에 근거해 있으며, 그들은 성서의 뜻을 두고 논쟁하였다. 이 논쟁을 통해 그들은 어느 것이 옳은 행동이었는지를 분별하고 변증하려고 한다. 성서에 실린 13편 편지의 저자인 바울과 2편 편지의 저자인 베드로, 하나님의 계시를 받아 사도가 된 바울과 하늘 아버지를 통해 예수가 그리스도임을 알게 되고 이를 고백하여 교회의 반석이 된 베드로, 특별한 계시와 영감과 체험을 한 대표적 두 사도라도 성서의 뜻을 알기 위해서는, 그 의미를 선명하게 하기 위해서는 토론하고 논증하고 변증해야 한다! 성서의 뜻은 이러한 과정을 통해 드러난다.

〈설교자 앙슬로〉의 성서로 인도하는 손

렘브란트는 〈마태와 천사〉, 〈예언자 안나〉, 〈논쟁하는 두 노인(베드로와 바울)〉을 통해 성서에 관한 자신의 이념을 빛의 처리와 등장인물의 '손'을 통해 표현하였다. 턱수염을 만지는 마태의 손, 성서 본문을 짚고 읽는 예언자 안나의 손, 권위의 성서를 가리키는 바울의 손과 성서 속에 손가락을 끼워넣은 베드로의 손 등은 렘브란트의 성서관을 드러낸다. 여기서 렘브란트가 성서와 관련하여 그린 손 하나를 더 소개하고자 한다. 바로 성공한 상인이자 메노나이트 교회의 평신도 설교자였던 〈메노나이트 설교자 앙슬로와 그의 부인의 초상화〉이다.(그림 6)

메노나이트는 앞에서 소개한 대로 급진적인 종교개혁 분파 중 하나였다. 그들은 유아세례를 부정하고 회심한 성인의 세례를 주장하였으며 가톨릭과 같은 위계적 성직 질서에 반대하였다. 유아세례라는 출생과 관련된 제의와 성직 제도를 부정한 이들이 가톨릭이나 그와 경쟁하던 공식적인 칼뱅주의적 개혁교회에서 환영받았을 리 없었다. 그러나 이 그림에 나타난 메노나이트 설교자 앙슬로는 네덜란드에서 주도적이던 두 교파의 모든 성직자들이 따라야 할 모범으로 등장한다.

네덜란드의 한 시인(Joost van den Vondel)은 앙슬로를 그리려던 렘브란트에게 다음과 같은 4행시(quatrain)를 썼다.

그림 6 렘브란트, 〈메노나이트 설교자 앙슬로와 그의 부인의 초상화〉, 1641
유화, 176×210cm, 베를린, 국립프로이센 문화재미술관

오 렘브란트, 코르넬리스[앙슬로]의 목소리를 그리시오.

우리 눈에 보이는 것은 그의 가장 작은 파편뿐,

오직 들을 때에야 그의 보이지 않는 부분을 알 수 있다오.

…….

렘브란트는 시인의 충고를 따르지 않았다. 분명 그림에 등장하는 앙슬로는 입을 열어 자신의 부인에게 무언가를 설명한다. 그러나 렘브란트가 그 특유의 빛으로 강조한 대상은 앙슬로의 입이 아니라 왼편에 놓인 성서와 앙슬로의 왼손, 그리고 앙슬로의 부인이다. 전체적으로 어두운 배경 가운데서도 왼편에 놓인 성서는 밖으로부터 빛을 받아 빛난다. 성서에 비친 빛은 성서 뒤편의 성서보다 높게 위치한 초와 대비된다. 초는 꺼져 있다. 촛불이 아니라 빛이 성서를 비춘다. 이제 그림 가운데 튀어나온, 그러나 성서보다 아래에 놓여 있고 성서를 보는 부인의 시선을 방해하지 않는 앙슬로의 왼손을 살펴보자. 이 손은 성서로 자신의 부인을 안내한다. 렘브란트는 앙슬로가 그의 왼편으로 고개를 돌려 부인의 얼굴을 바라보게 함으로써 부인을 안내하는 앙슬로의 손의 방향을, 그리고 그 손의 방향에 담긴 뜻을 감상자들이 어렵지 않게 파악하도록 돕는다. 귀로는 남편의 얘기를 듣지만, 그보다는 앙슬로 손의 인도에 따라 성서를 응시하는 부인의 얼굴과 모은 손이 빛을 받는다. 부인은 성서를 비추는 그 빛을 함께 받으며 그곳에 몰입해 있다.

렘브란트는 시인의 조언과는 달리 앙슬로의 목소리를 그리지 않고 성서로 안내하는 그의 겸손한 손을 그렸다. 감상자가 주목할 대상은 촛불 없이 빛을 받는 성서와 그에 심취한 앙슬로의 부인이다. 렘브란트는 단지 한 인간 앙슬로와 그의 부인의 초상화를 그리지 않았다. 그는 설교자 앙슬로와 설교를 듣는 앙슬로 부인이 누구인지를 그렸다. 설교자는 누구인가? 설교자는 청중을 성서로 안내하는 중개자이다. 그의 손은, 아니 설교자 자신은 성서 아래에 있어 청중이 성서에 다가가는 것을 방해해서는 안 된다. 성서는 하늘로부터 오는 빛을 받기 때문이다. 그렇다면 청중은 누구인가? 귀는 설교자의 말에 열려 있지만, 그것은 단지 참고사항일 뿐이다. 청중은 직접 성서를 보고 거기에 몰입하는 사람이다. 그때 그는 성서를 비춘 그 빛을 받는다. 렘브란트의 이전 그림들을 참조했을 때, 이 설교자의 말과 청중의 몰입에 지적 노력이 함께 있음은 당연하다. 이로써 렘브란트는 성서와 설교자, 그리고 청중의 이상적 관계를 그려냈다.

'역사는 진보한다.'는 믿음이 어리석은 것이라면 역사가 퇴보했다는 말도 성립하지 않는다. 그러나 21세기 이 땅의 기독교 현실에서 성서에 관한 렘브란트의 그림들을 보고 있노라면 '퇴보'라는 단어를 자꾸 만지작거리게 된다.

3

렘브란트 성서화의 변증법

:: 배경이 되는 말씀

마태복음서 3:1-12, 누가복음서 10:25-37

고대 그리스의 프로타고라스(Protagoras, 485?-414? BC)는 서구 철학사에 면면히 내려올 용어를, 자신의 가르침에서 본격화하였다. 이름하여 변증법.(dialektikē) 변론술을 가르치던 그는 '하나의 사실을 두고 이에 대해 두 가지 서로 반대되는 주장이 각각 자신을 검토하기 위해 주고받는 변론의 방법'을 두고 변증법이라 하였다. 하나의 사실을 두고 둘이 서로 반대된다면 둘 중 어느 것이 옳을까? 그 변론술의 천재는 둘 모두 진리일 수 있다고 하였다. 삶을 관조하고 분석하는 철학자들은 세상이란 형식논리로 설명될 수 없음을 진작에 알아본 것이다. 오늘날 우리는 모순관계에 놓인 두 테제가 정, 반, 합의 과정을 통해 발전 혹은 전개되는 것을 두고 통상적으로 변증법이라고 하는데, 이는 독일의 피히테의 착상이었다. 헤겔과 마르크스는 피히테의 근본 착상을 받아들여 변증법을 자기 사상의 핵심적인 위치에 가져다 놓았다. 특별히 마르크스는 변증법적 유물론이라는 거대한 사상의 블랙홀을 만들기도 하였다. 한편 신학에서 '변증법' 하면 죄렌 키에르케고르나 칼 바르트로 대변되는 변증법적 신학을 떠올리게 마련이다. 키에르케고르의 실존의 변증법은 실존의 역설적 모순을, 바르트의 변증법적 신학은 하나님과 인간의 질적인 차이를 강조하는 사상이다.

렘브란트는 17세기 네덜란드 화가로서 당시 데카르트 및 스피노자와 함께 암스테르담의 공기를 마신 인물이지만, 그리고 그가 데카르트의 초상화를 제작했다는 이야기도 전해지지만, 철학적 사고를 즐겨하거나 신학적 논증을 하도록 훈련받은 인물은 아니었다. 그러나 렘브란트의 그림을 감상하노라면 삶의 모순성과 역설, 곧 신적인 것과 인간적인 것, 거룩함과 속됨, 고양된 인간 정신과 인간의 동물적 본능 등등에 관한 그의 깊은 통찰과 마주하게 된다. 렘브란트는 서로 대비되는 두 영역 혹은 두 차원을 하나의 그림에 그려넣고 우리에게 세상의 진실을 전달한다. 우리는 그림 안에 나타난 진실을 성찰하도록, 그에 대해 어떤 태도를 취하도록 요구받는다. 서로 반대되는 둘을 나란히 놓고 반대되는 둘이 서로를 발견하게 하고, 그렇게 함으로써 각각을 새롭게 인식하도록 돕는 렘브란트의 그림은 '렘브란트의 변증법'이라고 불릴 만하다. 렘브란트의 변증법은 그림이라는 2차원의 평면에 3차원의 깊이를 주었다. 신칸트 학파는 우리의 지성, 의지, 감성 하나하나에 대응하는 초월적 대상으로 '진선미'를 말했는데, 렘브란트가 어떻게 그의 변증법으로 진선미를 파악하고, 이를 예술로 드러냈는지를 살피는 일은 흥미롭고 유익하다. 이 장에서는 우선 진과 선에 관련된 작품을 살펴보려고 한다.

세례자 요한은 신약성서에서 가장 매력적인 인물 가운데 한 명이다. 그를 높게 평가한 신약성서, 아니 마태복음서만의 구절을 인용해도 이를 쉽게 알 수 있다. 당시 민중에게 세례자 요한은 엘리야 및 예레미야와 같은 위대한 선지자로 인정받았다.(마 16:14) 민중은 예수를 부활한 세례자 요한으로 간주하기도 했는데, 이와 같은 평가는 단지 민중의 것만은 아니었다. 세례자 요한을 처형한 분봉왕 헤롯 안티파스 역시 예수를 부활한 세례자 요한이라고 하였다.(마 14:1-2) 그렇다면 예수는 요한을 어떻게 보았을까? 예수에 의하면 요한은 "여자가 낳은 사람 가운데서" 가장 큰 인물이었다. 물론 예수는 "하늘나라에서는 아무리 작은 이라도 요한보다 더 크다."라고 자신의 사역에 비판적 의심을 보낸 요한에게 맞서기도 했지만 말이다.(마 11:11) 그러나 예수는 근본적으로 요한을 하늘나라에서 배제하지 않는다. 예수가 외친 하늘나라는 세례자 요한 때부터이며(마 11:12), 요한이 바로 종말에 오기로 되어 있는 되살아난 엘리야이다.(마 11:14) 세례자 요한에 대한 가장 인상적인 소개는 네 복음서가 모두 인용하고 있는 이사야서 예언에 있다. 이사야는 그를 '광야에서 외치는 자의 소리'라고 하였다.(마 3:1-12, 막 1:1-8, 눅 3:1-9, 요 1:19-23) '광야에서 소리치는 사람'이 아니다. '소리'이다.

렘브란트가 그린 세례자 요한을 보고 있노라면(그림 1) 그의 천재적 솜씨에 감탄하게 된다. 왼손을 가슴에 얹고 오른손을 내밀며 애절하게 절규하는

그림 1 렘브란트, 〈설교하는 세례자 요한〉, 1634
목판을 댄 캔버스, 62.7×81cm, 베를린 국립미술관

세례자 요한을 응시해보라. 그러면 렘브란트의 세례자 요한은 외치는 사람이 아니라 정말 '광야에서 외치는 자의 소리'임이 보인다. 소리를 보다니! 우리는 렘브란트로 인해 관음(觀音)의 감각, 곧 공감각(共感覺, synaesthesia)을 얻게 된다. 신지학(Theosophy)에 심취해 있던 러시아의 칸딘스키는 소리를 그렸다는데, 렘브란트는 그런 예술가적 공감각을 자신만이 아니라 감상자에게 나누어주었다.

'소리'가 '소음'이 아니라면, 매체인 '소리'는 실어나르는 소리의 '내용'과 발화자 및 수신자를 갖는다. 그렇다면 렘브란트는 그 '소리'를 그릴 때 어떤 내용, 발화자, 수신자들을 상정했을까? 이에 대한 대답은 렘브란트가 세례자 요한을 그릴 때 어느 본문을 근거로 했는지를 밝히면 이내 드러난다. 네 복음서 모두 세례자 요한을 소개하지만 마태복음서(3:1-12)가 〈설교하는 세례자 요한〉의 근거 본문이라고 판정할 수 있다. 이는 그림 중앙 하단에 서 있는 세 인물을 근거로 한 추정이다. 중앙에 있는 세 사람은 히브리어가 쓰인 어깨걸이를 하고 있는데, 이것과 그들이 입은 옷을 토대로 우리는 그들이 유대인 종교지도자들임을 알 수 있다. 그들은 모두 세례자 요한에게 등을 지고 서서 무엇인가를 의논한다. 마태는 다른 복음서와는 달리 당대의 유력 종파이자 세례자 요한에게 적대적이었던 바리새파와 사두개파를 특기했는데 렘브란트가 바로 이들을 그린 것이다.

마태는 세례자 요한이라는 소리의 발화자가 하늘이며(마 21:25), 수신인은 그 소리를 듣고 뉘우쳐야 할 사람들이라고 기록하였다.(마 21:23-32) 렘브란트는 이러한 기록에 상응하여 그 소리가 하늘로부터 왔고, 그 소리가 있는 곳에 진리가 있음을 특유의 빛으로 나타낸다. 그 '소리'는 하늘로부터 내리는 빛 속에 있다. 사람들을 살게 할 진리가 그곳에서 울려퍼지고 있다. 그러나 진리가 '소리'로 들리고 보이는 그곳에, 바로 그 빛 속에 있는 사람들을 보라. 이미 우리가 말한 빛 밖에서 빛을 등지고 음모를 꾸미는 사두개파와 바리새파는 말할 것도 없다. 빛과 진리의 소리 속에 있는 사람들은 우리의 예상과는 달리 감격하거나 경건함을 보여주지 않는다. 도리어 요한의 발밑에 있는 사람은 졸고 있고, 그 옆에 있는 이는 의심의 몸짓을 한다. 아이를 달래는 엄마는 그렇다 해도 물건을 두고 다투는 두 아이, 그리고 그들을 혼내는 남자의 표정은 절규하는 '소리' 앞의 청중으로 적당하지 않은 듯하다. 지금 선포되는 소리는 왜 이리 무력할까? 렘브란트는 소리의 무력뿐 아니라 진리의 소리에 대한 사람들의 반응을 적나라하게 그린다. 더 나아가 그림을 자세히 살피면 매우 괴상한 장면을 발견하게 된다.

렘브란트는 이 그림을 그리기 위해 통상 캔버스의 크기에 높이 20cm, 폭 30cm를 늘리고, 늘린 그 공간에 이전 회화 전통에서는 찾아볼 수 없는 장면을 그려넣었다. 우선 오른편 개울가의 한 여인을 보라. 그 여인은 지금 아이에게 똥을 누이고 있다. 시선을 왼편으로 돌리면 다섯 마리의 개를 찾을 수 있다. 두 마리는 한창 싸움 중이고, 다른 두 마리는 흘레하고 있다. 다른 한 마리는 중앙의 유대인 지도자들의 그림자 아래 편히 누워 있다.

한때 렘브란트의 제자였던 반 호흐스트라텐은 1678년 이 그림을 두고 이렇게 비판했다.

> 이 그림은 [훌륭한 구도를 갖추고 있기에—필자] 최상의 평을 받을 만하지만, 이상하게도 암캐에 올라탄 수캐를 보게 된다. 이런 일이야 일상적

인 것이고, 그래서 자연스러운 일이지만 나는 이것이 주제에 맞지 않는 추한 것이라고 생각한다. 추한 장면이 부가된 이 그림을 세례자 요한의 설교 장면이 아니라 견유학자 디오게네스의 설교 장면을 그린 것이라고 해석할 수 있을 정도이다. 이런 표현은 단적으로 렘브란트가 분별이 없었음을 보여주는 한 예이다.

그림 2 루벤스, 〈세례자 요한〉, 1611-1612
유화, 136×40cm, 안트베르펜의 한 성당

허름한 옷을 입었어도 당당한 풍채를 한 루벤스의 요한과 렘브란트의 요한은 극히 대조된다. 루벤스의 요한은 '소리'가 아니라 삼손이나 헤라클레스 같다.

다른 렘브란트 연구가인 마리에트 베스터만은 반 호흐스트라텐에 반대한다. 베스터만은 전통에서 일탈한 장면이 세례자 요한의 역경과 인간의 세속적 조건을 여과 없이 보여준다고 해석한다. 또한 이 그림의 다양한 주제들은 세상의 죄악들, 곧 세례자 요한이 비판하고 마지막에는 예수가 속죄할 죄악들을 상징한 것이라고 이해한다. 한때 렘브란트의 제자를 자처하던 사람의 몰이해보다는 베스터만의 해석이 더 설득력 있다. 그러나 나는 베스터만의 견해가 렘브란트 그림의 변증법을 충분히 드러낸다고 생각하지 않는다.

글머리에서 밝혔듯이 렘브란트는 서로 대비 혹은 대조되는 두 차원을 하나의 작품에 그려넣고, 감상자에게 반대되는 둘을 번갈아 보면서 그 둘을 성찰하도록 한다. 나는 세례자 요한이라는 진리의 소리 앞에 렘브란트가 그린 매우 다양한 인물들, 대부분 하늘로부터 온 그 '소리'보다는 저마다의 형편에 놓여 있는 그들에게서 세인(世人, das Man)의 '일상성'(日常性, Alltäglichkeit)을 감지한다.

하이데거는『존재와 시간』에서 그저 빈둥빈둥 사는 현존재 혹은 인간존재를 세인으로, 그리고 그들의 평균적인 일상생활 태도를 일컬어 일상성이라고 하였다. 일상적 삶의 존재 양식은 잡담과 호기심, 그리고 모호함이다. 렘브란트가 그린 군상(群像)은 바로 이 단어들로 형용할 수 있다. 그런 일상성은 다양한 삶의 한계상황과 만날 때 부서진다. 곧 불안, 양심의 소리, 죽음 등은 일상성을 흔들어 깨운다. 세인이 부딪치는 한계상황은 현존재가 새로운 삶의 방식(Modus vivendi)을 선택하고 결단하도록 한다. 이를 통해 세인은 본래적 자아를 찾도록 격려받는다. 물론 현존재는 결단으로 새로워졌으나 여전히 '일상'이라고 부를 수밖에 없는 곳에서 살아가게 된다. 하이데거에 따르면 이렇게 인간은 일상에 빠져들고, 다시 그것과 거리두기를 반복함으로써 '삶'을 살아간다.

세례자 요한은 앞에 모인 군중이 결단하도록 하는 운명의 소리이다. 세례자 요한이라는 '소리'는 무리에게 한계상황이 왔음을 선포한다. 그러나 렘브란트의 작품에서 그 소리는 세인들의 일상성 앞에 거의 무력하다. 일상성이 완벽하게 집어삼킨 그림 속 군중들은 잡담과 호기심, 그리고 모호함을 적절하게 유지하며 임박한 심판을 외치는 소리가 주는 심판 선포를 듣지 못한다. 그림에 나오는 싸우고, 흘레붙고, 또 그림자 아래 편안히 누워 있는 다섯 마리의 개가 세인의 일상성을 가장 적나라하게 드러낸다. 하늘로부터 온 '소리'는 '개들' 앞에 있다.

렘브란트는 세례자 요한에게 적극적이고 호의적으로 응답하는 군중이 아니라 '소리'가 깨우지 못하는 일상성의 무리를 그려 관람자에게 더 깊은 차원의 경각심을 일깨운다. 그때 그곳의 군중만이 아니라 감상자인 우리 역시 '소리' 앞에 빈번히 '개들'이었기 때문이다.

〈선한 사마리아인〉과 똥 누는 개

〈설교하는 세례자 요한〉이 진리와 일상성의 변증법을 드러낸다면, 〈선한 사마리아인〉(그림 3)은 선행과 본성(本性)에 관계된 작품이다. 이 비유는 비그리스도인이라도 한번쯤은 들어보았을 예수의 대표적인 비유이다. 으레 이 비유의 주인공을 '선한' 사마리아인이라고 부르지만, '선한'이라기보다는 일부 독일 학자들의 주장대로 '동정하는'(warmherzig)이 그 사마리아인을 형용하는 데 더 적합한 단어일지 모른다.

누가복음서에만 나오는 이 비유는(눅 10:25-37) 예수가 한 율법교사의 질문에 대한 답으로 내놓은 것이다. 그 율법교사는 예수를 시험하기 위해 근본적인 질문을 던진다. "선생님, 내가 무엇을 해야 영원한 생명을 상속받을 수 있을까요?" 이 질문의 의도는 단순히 영생에 이르는 길을 구하기 위함이 아니다. 이것은 지혜 혹은 지식을 갖춘 사람끼리의 지적 겨루기이다. 질문하고 대답하면서 누가 더 깊은 율법 이해를 얻었는지를 다투는 머리 씨름이다. 예수는 율법교사의 질문에 직접 답하지 않고 그에게 되묻는다. "율법서에는 무엇이라 기록되어 있소? 당신은 어떻게 읽었소?" 율법교사는 이미 자신만의 대답을 갖고 있었다. "네 온 마음, 네 온 목숨, 네 온 힘을 다하여 주 너의 하나님을 사랑하라. 그리고 네 자신과 같이 네 이웃을 사랑하라." 예수는 율법교사의 대답을 긍정해주었다. "그대가 옳게 대답했군요. 이를 행하시오. 그러면 살 것이오." '이를 행하시오. 그러면 살 것이오.' 라는 대답은 율법교사를 무안하게 만들었을 것이다. 예수의 다소 퉁명스러운 답변은 율법교사가 영생을 얻게 할 행위를 하지 않았음을 은연중에 고발하는 듯하다.

그러나 율법교사는 지려 하지 않았고, 자신을 옳게 보이려고 예수에게 재차 물었다. "누가 나의 이웃입니까?" 이 질문 역시 어려운 문제였다. 어디까지가 나의 이웃인가? 당시 보통의 유대인들에게 '이웃'은 동족, 곧 혈통적인 유대인을 의미했다. 그러나 그 동족 가운데서도 보통 유대인으로 대우받지 못하는 사람들이 있게 마련이다. 가령 동족의 반역자인 세리나 공동체를 해치는 창녀가 참 유대인인 '이웃'의 범위에 들어갈 수 있는지는 불분명하다. 통상적으로 그들은 '유대인'의 범주, 곧 이웃의 범주에 들어가지 못했다. 율법교사의 질문은 그 자체로도 까다로운 것이지만 거기에는 날카로운 칼이 숨겨져 있다. 이 질문을 받기 전 누가의 예수는 이방인(눅 4:23-30), 세리(눅 5:27-32), 죄인인 한 여인(창녀? 눅 7:36-50) 등 통념으로는 '이웃'이 아닌 이들과 어울렸고, 당시 유대 지도층은 유대인의 사회적 경계를 허무는 예수의 이러한 행동에 매우 분노했다. 보통 이방 제국에 시달리는 피식민지인이나 한 사회 내에서 박해받는 주변부 모임은 우리와 너희를 구분하는 사회적 경계를 높이 세우고 자신들의 정체성을 강화하게 마련인데, 예수는 바리새파나 사두개파가 높게 쌓아올린 그런 인간적 경계에 아랑곳하지 않았기 때문이다.

이런 누가의 이야기 흐름을 감안하면 율법교사의 질문은 이렇게도 들린다. '오호, 당신도 하나님을 사랑하고, 이웃을 사랑하라는 말이 옳다고 생각한다 이거요? 그러면 대답해보시오. 나, 곧 유대인인 나의 이웃은 누구요? 보아하니 당신은 이방인과 세리, 죄인인 여인들과 함께 잔치를 벌이면서 죄인인 그들을 부르러 왔다고 하던데 당신의 이웃은 참 유대인이 아닌가 보오? 그건 당신이 유대인을 위한 사람이 아님을 반증하는 것 아니오? 당신의 이웃이 유대인이 아닌 걸 보아하니 당신도 참 유대인은 아닌 듯하오. 자, 나의 이웃, 곧 유대인으로서 내가 도와야 할 이웃이 누구요?' 이 질문에 대해 예수는 이전처럼 되묻기보다는 비유로 대답한다.

여기서는 사마리아인의 비유를 자세히 주석할 여유가 없기에 예수의 대답인 비유의 핵심만을 언급하겠다. 예수는 한 사람, 어느 인종인지 밝혀지지 않은 한 여행객을 소개한다. 다만 예루살렘에서 여리고로 내려갔다는 말로 미루어 유대인일 가능성이 있다. 그런 그가 여행 도중 강도를 만났다. 강도의 행동에 관한 묘사가 재미있는데, 강도들이 그에게 값진 것을 빼앗았다는 말은 없고 다만 그들이 여행자의 옷을 벗기고 때려 거의 죽을 지경에 이르게 했다고 한다. 예수의 비유를 듣는 청중들은 비유 속 여행객이 입고 있는 옷 말고는 달리 가진 게 없는, 그래서 가진 옷을 빼앗기게 될 때 온몸으로 저항해서 격렬한 폭행을 자초한 가난한 사람이었을 것이라고 추측했을 법하다.

비유에 따르면 유대인 제사장과 레위인은 벌거벗기고 폭행당한 이 여행객을 보고 피하여 지나갔다. 왜? 예수의 청중들은 쉽게 짐작할 수 있었다. 죽은 듯한 그 사람이 누구인지 모르기 때문이다. 인종과 신분을 단적으로 보여주는 옷은 벗겨졌다. 비유 속에 등장하는 제사장과 레위인은 그가 누구인지 알 도리가 없다. 설혹 벗은 몸에 할례가 있다 하더라도 할례는 유대인만이 아니라 사마리아인들도 행했다. 유대인을 대표하는 제사장과 레위인은 벌거벗은 사람이 자신이 도와야 할 이웃인지 아닌지, 아니 더 원초적으로 그가 누구인지를 모른다. 확실한 '이웃'으로 파악되지 않는 한 그 피해자는 정체불명 상태에서 이웃으로 대접받지 못한다. 그런데 놀랍게 유대인의 이웃은커녕 유대인에게 지극히 불결한 존재인 사마리아인은 여행 도중 불행을 당한 여행객을 발견하고 '불쌍한' 마음이 들었다. 동정하는 마음이 생겼다. 그래서 그는 피해자에게 이웃이 되어주었다. 사마리아인 역시 쓰러져 있는 사람이 누구인지 알 도리가 없었다. 할례를 받았다면 쓰러진 사람은 심지어 유대인일 수도 있다! 그러나 사마리아인은 자신의 기름과 포도주, 그리고 비용을 썼을 뿐 아니라 자기가 탈 짐승에 그를 태우고 주막에까지 데려가주었다. 보상을 기대할 수 없는 상황에서 말이다.

예수는 이 비유를 통해 '나의 이웃이 누구인가'를 묻는, 곧 사회적 경계를 묻는 율법교사의 근본적 태도를 문제삼았다. 유대인이 지키려고 애쓰는 그 자랑스러운 유대인 됨이 도리어 인간의 원초적인 마음, 곧 불쌍히 여기는 마음을 제어했다는 것이다. 반면 비유에 나온 사마리아인은 사회적 경계에 매여 있지 않았다. 그래서 불쌍히 여기는 마음이 들었을 때 그 마음이 시키는

그림 3 렘브란트, 〈선한 사마리아인〉, 1633, 에칭, 25×20cm
암스테르담, 레이크스 미술관

대로 움직였다. 유대인이 마땅하다고 여기던 그 세계, 그 이웃의 세계는 그 순간 해로운 믿음으로 유지되고 있음이 드러났다. 맹자가 말한 인간의 근본 심성인 측은지심(惻隱之心)이 그럴듯한 경계 세우기로 인해 발현되지 못한 것이다. 어떻게 그 마음을 회복할 수 있을까? 왕양명에게 묻는다면 마음공부가 필요하다고 할 것이다. 영민한 양명에게는 예법 공부 정도는 하루 이틀이면 끝날 공부였다. 마음공부, 곧 심즉리(心卽理)를 확신한 공부, 천리인 마음이 제대로 움직이지 못하게 하는 것들을 없애는 공부야말로 평생에 걸쳐 해야 할 공부이다. 이 비유와 관련하여 남긴 작품의 수가 무려 10여 점에 이르는 렘브란트에게 묻는다면?

〈선한 사마리아인〉의 구도는 매우 흥미로운데 그림을 정확하게 가로, 세로로 나누어보자. 가로로 나누면 위에는 선한 사마리아인과 여관 사람들이 있고, 아래로는 말과 그 말과 관계된 사람이 있다. 피해자는 위로 올라가고, 제일 밑에 개가 있다. 다시 화면을 세로로 나누면 왼편에 사람이 몰려 있고, 오른편에는 개와 우물가의 한 여인이 뒤쪽에 있다. 마지막으로 왼쪽 위 모서리와 오른쪽 아래 모서리를 대각선으로 그으면 여관 주인, 사마리아인, 피해자, 개가 정확하게 연결된다는 것을 알 수 있다. 우리의 시선은 비유의 가르침에 따라, 또 화면 중앙에 놓인 피해자와 사마리아인에게 일차적으로 가닿는다. 그러나 이내 화면의 구도와 너무나 일상적인 행동 때문에 개에게 주의가 쏠리는 것을 느끼게 된다. 오른편 아래를 독점한 개는 지금 똥을 누고 있다. 사마리아인의 선한 행동 앞에 똥을 누는 개를 그린 렘브란트의 의뭉스러운 의도는 도대체 무엇일까?

학자들은 크게 두 가지 방향에서 개와 개의 지나치게 일상적인 행동을 해석하였다. 먼저 개와 그것의 행동은 선한 사마리아인의 행동과 같은 자비로운 행동으로 정화되어야 할 얼룩진 삶을 상징한다는 의견이 있다. 다른 하나는 개가 이 그림에 일상적 현실성을 더하기 위해 탄생했다는 것이다. 위의 두 해석은 일정한 설득력을 갖고 있다. 그러나 나는 이 그림에 렘브란트 특유의 변증법이 드러나 있다고 본다.

표면적으로 사마리아인의 선한 행동과 개의 배변은 반대된다. 선한 행동은 이기(利己)의 본성을 거스른 것이고, 개의 배변은 주위를 아랑곳 않는 생리적, 본능적 행위이다. 사마리아인의 행동은 아름다운 반면 개의 배변은 추하다. 그러나 우리가 이미 살펴본 사마리아인 비유의 메시지를 가만히 생각해보면 선한 사마리아인과 개 사이의 공통점을 어렵지 않게 떠올릴 수 있다.

사마리아인이나 '개', 특별히 똥 누는 개가 유대인들에게 정결한 존재일 리 없다. 둘 모두 더러운 존재일 뿐더러 둘 모두 '고상한' 유대인의 사회적 정체성이나 경계 혹은 체면을 모른다. 유대인은 유대인의 경계와 정체성, 체면을 넘어서지 않는다. 그러나 그 결과는 어떠했는가? 유대인 됨을 대표하는 제사장이나 레위인은 강도당한 이에게 인간적 동정심과 측은지심을 충분히 느끼지 못한다. 느낀다 해도 그들은 행동하지 못한다. 그들은 바보처럼 강도당한 이가 누구인지 모르고, 누구인지 모르는 그에게 어떤 행동도 하지 못한다. 사마리아인은 그렇지 않다. 그는 강도당한 사람이 누구인지 알았다. 강도당한 사람은 불쌍한 사람이다. 누구라도 여행 중에 그렇게 당할지도 모르는, 언젠가의 나일 수도 있는 사람이다. 사마리아인은 경계 안에 살지 않았기에 강도당한 이를 보고 자연스레 생기는 불쌍히 여기는 마음을 그대로 느끼고 과감하게 행동할 수 있었다. 사마리아인의 마음에는 걸림이 없었다. 마치 자기가 똥을 누고 싶으면 때와 장소를 가리지 않고, 누구의 앞이든 상관없이 똥을 누는 개처럼 말이다. 똥을 시원하게 누는 개와 사마리아인을 비한다면 경계 안에 사는 유대인은 변비에 걸려 끙끙대지만 자기가 아는 장소에서

그림 4 렘브란트, 〈선한 사마리아인〉, 1630/1632–1633
유화, 26×21cm, 런던, 월리스 컬렉션

추정되는 연대가 정확하다면, 렘브란트는 이 유화를 '그림 3' 이전에 제작한 것으로 볼 수 있다. 에칭으로 그리기 전 이 유화에는 '개'가 없다. 개가 없는 이 유화와 개가 있는 에칭화를 비교해보라. 그러면 개의 존재가 그림의 구도와 이해에 얼마나 결정적인 변화를 주는지 이내 알게 된다.

만 변을 보는 이상하게 생겨먹은 개와 같다. 나는 렘브란트가 시원하게 변을 보는 개와 가련한 사람에게 동정심이 일 때 상대방이 누구인지 앞뒤 안 가리고 돕는 사마리아인을 겹쳐 그렸다고 생각한다. 너무 과장된 해석일까? 꿈(그림)보다 해몽이 좋은 것일까? 성서화를 그리기 위해 성서뿐 아니라 고대의 유대 역사가 요세푸스를 읽었던 렘브란트가 사마리아인에 관해 알고 있었다는 것은 쉽사리 인정되지만, 젊은 그에게 위선적인 사회적 경계나 가식적 관습, 그리고 위선 및 본능 등에 관한 생각이 있었을까? 물론!

탕자 렘브란트와 사스키아

예수 당시 유대 지도층만이 임의대로 그어놓은 관습과 경계 안에서 가식과 위선을 즐겼던 것은 아니다. 방앗간집 아들 렘브란트가 전직 시장의 딸 사스키아를 아내로 맞으면서 평민 출신의 예술가는 귀족적인 사스키아 집안의 노골적인 무시에 직면해야 했다. 그러나 렘브란트와 사스키아는 그네들의 귀족적 관습이나 예의를 비웃으며 자유로운 삶, 곧 사회적 예의범절에 구애받지 않고 살았다. 사스키아 집안 사람들은 렘브란트가 자기 아내의 재산을 낭비하고 있다고 비판했고, 심지어 사스키아에게 마땅히 돌아가야 할 재산도 주지 않았다. 마침내 방앗간집 아들은 사회적 명망가 친척들을 법정에까지 데리고 갔다. 그 어간, 곧 〈선한 사마리아인〉과 〈설교하는 세례자 요한〉을 그리고 난 바로 다음해인 1635년, 렘브란트는 소장용으로 보이는 사스키아와 함께한 자화상을 그렸다.(그림 5) 바로 〈탕자로 분한 렘브란트와 사스키아〉.

그림 5 렘브란트, 〈탕자로 분한 렘브란트와 사스키아〉, 1635, 유채
161×131cm, 드레스덴 국립미술관

이 작품이 흥미로운 이유는 그의 자화상 중에서 이것이 가장 크기 때문만도, 또 X선 촬영으로 렘브란트와 사스키아 사이에 창녀가 숨어 있다는 사실을 발견해서만도 아니다. 이 자화상에서 렘브란트는 자신의 본능을 숨기지 않는다. 그는 다른 이들은 몰라주었으면 하는 자신의 천한 본심을 감추지 않는다. 자화상을 통해 렘브란트는 자신이 호사스러운 생활을 하고, 젊고 아름다운 여인을 부인으로 두고 있다고 과시한다. 사스키아 옆에 있는 공작은 화려함과 사치의 상징이다. 렘브란트는 잔을 높이 들고, 사스키아의 친척들에게 '한잔' 권하고 있는 듯도 하다. "이봐요, 같이 한잔하시지. 사치하고 방탕하기는 그대들이나 나나 똑같으니." 이 그림에서는 〈선한 사마리아인〉처럼 노골적으로 개가 등장할 필요가 없었다. 렘브란트 자신이 바로 개가 담당하던 역할을 하고 있기 때문이다. 그 '개'는 사회적 경계와 관습이 주는 안정감 속에서 적절히 위선을 즐기는 높으신 양반들에게 '한 방 먹이고 있다.' 예술적으로, 그리고 즐거운 자학으로.

성서학자가 학문적 노력으로 얻을 결과를 예술적 통찰로 표현한 렘브란트의 성서화를 보고 있노라면 "천재는 의지 없는 인식의 최고 형태"라던 쇼펜하우어의 말이 떠오른다.

제2부

에로스와 타나토스

정신분석학으로 유명한 지그문트 프로이트(Sigmund Freud, 1856-1939)는 제1차 세계대전 후에 자신의 이론을 대폭적으로 수정한다. 그에 따르면 인간에게는 근본적인 두 가지 본능이 있는데 하나는 에로스이고, 다른 하나는 타나토스이다. 프로이트가 말하는 에로스는 삶을 향한 본능이고, 타나토스는 죽음을 향한 충동이다. 우리 삶을 설명하기 위해 에로스와 타나토스를 곱씹는 것은 프로이트가 태어나기 훨씬 전인 그리스 로마 신화 때부터였다. 미술 작품을 분석할 때에도 에로스[삶/성(性)을 향한 갈망]와 타나토스(죽음/허무를 향한 충동) 개념은 적지 않게 사용될 만큼 적절하다.

제2부에서는 여성, 곧 들릴라, 간음하다 잡혀온 여인, 밧세바 등이 등장하는 렘브란트의 성서화를 살펴볼 것이다. 사랑, 추문, 간음, 권력 등이 얽히고설킨 성서 이야기가 렘브란트에 의해 상상력 넘치게 재현된다. 또 죽음과 허무, 가난, 해부, 늙음과 같은 인생의 축축한 면이 렘브란트 성서화 속에서 어떻게 승화된 형태로 등장하는지도 해명될 것이다. 삶과 죽음, 그리고 그에 얽힌 욕망의 이야기, 흥미롭지 않은가?

4

새롭게 해석된 여인들

:: 배경이 되는 말씀

사사기 13-16장, 요한복음서 7:53-8:11

레이덴 시절(1625-1631) 렘브란트는 주로 자신과 가족들을 모델로 삼았다. 이유는 크게 두 가지. 자화상의 경우 자신이 원하는 표정을 마음껏 짓고, 그것을 그릴 수 있었기 때문이다. 다른 하나는 모델료를 지불할 만큼 경제적 형편이 넉넉지 않았기 때문이다. 암스테르담으로 이주하고 결혼한 이후 렘브란트는 자신의 부인인 사스키아를 모델로 여러 그림을 그렸다. 암스테르담의 유명화가였던 그가 더 이상 돈에 쪼들렸던 것은 아니다. 그럼 무슨 이유로? 렘브란트는 사스키아를 사랑했다. 그는 자신의 그림에 사스키아를 남기면서 사스키아도 자신을 늘 가슴에 품어주길 원한 것이다. 1634년 혼인하던 해 사스키아를 모델로 세운 〈아르테미시아〉(그림 1)는 그래서 탄생했다.

아르테미시아(Artemisia)는 소아시아(Asia minor) 카리아(Caria)의 페르시아 행정장관(satrap) 마우솔로스(Mausolos)의 아내였다. 남편이 죽은 후 그녀

그림 1 렘브란트, 〈아르테미시아〉, 1634, 유화, 142×152cm
마드리드, 뮤제오 델 프라도

는 약 2년 간(352-350 BC) 카리아를 통치했다. 역사학자도 아닌 렘브란트가 그릴 만큼 아르테미시아가 유명한 이유는 단지 그 여인이 고대의 여성 통치자였기 때문만은 아니다. 마우솔루스가 죽은 후 아르테미시아는 남편을 화장하고, 남은 재를 물에 타서 마셨다. 자신을 '살아서 숨 쉬는 남편의 무덤'으로 만들기 위해서였다. 그녀는 자기 몸, 곧 '살아 있는 남편의 무덤'의 유한

성마저 넘어서기 위해 할리카르나소스(Halicarnassus)에 웅장한 기념묘를 세웠다. 시돈의 안티파터(Antipater of Sidon)는 거대하고 화려한 그 묘를 이른바 고대 지중해 세계의 7대 불가사의 목록에 올렸다. 아르테미시아의 유별난 남편 사랑과 장대한 묘 건축은 웅장한 묘라는 뜻의 '마우솔레움'(mausoleum)이라는 단어를 주조하게 하였다. 아르테미시아는 이에 그치지 않고 유명한 그리스의 수사학자들을 불러모아 수려한 헌사를 통해 남편의 업적을 찬양하였다. 이와 같은 역사적 사건으로 인해 아르테미시아는 남편을 기리는 과부를 상징하는 존재이자, 남편에 대한 사랑을 배신하지 않고 끝까지 정절을 지키는 여인을 대표하게 되었다.

렘브란트의 〈아르테미시아〉는 남편의 재가 섞인 잔을 앞에 두고 가슴 한가운데에 오른손을 올려놓는다. 그 손의 손가락은 다소 비정상적으로 모아져서 죽은 남편을 심중(心中)에 모셔두는 아내의 마음을 나타낸다.

렘브란트는 6살 어린 사스키아가 자신보다 오래 살 것으로 생각했을까? 그러나 사스키아는 30살에 삶(1612-1642)을 마감했다. 부부 간의 정절을 잃지 않고 죽은 배우자를 가슴에 품어야 할 사람은 사스키아보다 27년을 더 산 렘브란트였다.

렘브란트는 사스키아를 모델로 〈아르테미시아〉을 그리면서 사랑하는 아내에게 바라는 남편들의 통상적 소망을 담았지만, 그의 삶과 몇몇 작품은 당시 사회의 통념적 관습이나 회화 전통에 고스란히 들어맞지 않는다. 우리는 여기서 그의 성서화에 재현된 여성들을 살피려고 한다. 이를 통해 남성 화가 렘브란트가 재현하는 여성들이 회화 전통과 성서적 문맥, 그리고 그의 개인적인 삶을 배경으로 어떻게 독특하게 처리되는지를 밝히고자 한다.

렘브란트의 〈들릴라〉 - 들릴라가 그린 들릴라

삼손은 양가적 존재이다. 한편으로 그는 이스라엘의 적을 물리친 영웅이다. 그 힘은 사자와 겨루어 이기고, 나귀의 뼈를 무기 삼아 무장한 원수들을 학살하며, 마침내 거대한 건물을 무너뜨릴 만하였다. 탄생 자체도 비범했던 한 시대의 영웅호걸.(삿 13장) 다른 한편 그는 범부(凡夫)에도 미치지 못할 정도로 볼품없는 영혼을 지녔다. 이방 여인에게 끊임없이 속았고, 배신을 설

그림 2 렘브란트, 〈들릴라에게 배신당하는 삼손〉, 1629-1630, 유화, 베를린 국립미술관

욕한답시고 더 큰 화(禍)를 불러오는 되먹지 못한 고깃덩어리였다. 역사의 모든 영웅을 놀래킬 힘세고 날랜 몸에 졸부의 정신. 그러나 이에는 하나님의 계획이 있었다. 하나님은 삼손이 동족의 원수인 블레셋 여인들과만 사랑에 빠지도록 하셨다.(삿 14:4)

렘브란트는 삼손에게 관심이 많았다. 잘 알려진 작품만 해도 〈들릴라에게 배신당하는 삼손〉(그림 2), 〈장인에게 으름장을 놓는 삼손〉(1635), 〈잔치에서 수수께끼를 내는 삼손〉(1638), 그리고 오늘 우리가 자세히 살펴볼 〈결박당하는 삼손〉(그림 3) 등 네 작품 이상이다. 특히 주먹을 들고 〈장인에게 으름장을 놓는 삼손〉에서 삼손의 얼굴은 다름 아닌 렘브란트 자신의 얼굴이다. 아마

그림 3 렘브란트, 〈결박당하는 삼손〉, 1636, 유화, 206×276cm, 프랑크푸르트 시립미술연구소

렘브란트는 자신의 위대한 예술혼과 능력, 그러나 그에 대비되는 고귀하지 못한 신분과 성품을 곱씹다가 삼손과 자신의 공통성을 발견했는지 모른다. 이제 렘브란트의 1629-1630년 작품과 1636년 작품, 그리고 그것의 배경이 되는 성서 본문을 비교해보자.

'그림 2'와 '그림 3'은 모두 같은 사사기 16장, 특별히 19-21절을 그림으로 옮긴 것이다. 그 이야기의 개략은 이러하다. 블레셋 여인을 향한 두 번의 사랑이 모두 실패했지만, 삼손은 여전히 이스라엘 여인들에게는 연정을 느끼지 못했다. 삼손이 세 번째 사랑에 빠진 여인 역시 블레셋 여인 들릴라였다. 블레셋 지도자들은 삼손의 연인 들릴라를 찾아갔다. 그리고 삼손을 꾀어 그 힘의 근원이 어디인지, 어떻게 하면 삼손을 제압하고 그에게 고통을 줄 수 있는지를 알아보라고 들릴라를 회유했다. 정보의 대가는 지도자마다 내는 은 1,100세겔. 당시 블레셋은 통상 다섯 명의 지도자들이 균등한 권력을 나누어 다스리는 이른바 집단지도체제였고, 따라서 이들이 들릴라에게 약속한 금액은 총 은 5,500세겔이 된다. 당시 보통 노동자의 1년 평균 임금이 약 10세겔, 왕의 몸값이 1,100세겔 정도였으니(삼하 18:12) 블레셋 지도자들이 제안한 금액은 1,200만 원 정도의 연봉을 받는 저임금 근로자의 것으로 계산해도 대략 66억 원 정도에 달한다. 들릴라는 그들의 제안에 어떻게 반응했을까? 들릴라는 한치의 주저함도 없이 돈을 택했다. 그리고 이후 끊임없이 삼손에게 힘의 근원을 물었다. 삼손이 답할 때까지. 천하무적의 삼손이었지만 들릴라 앞에서 그는 나약한 존재였다. 한 영화의 대사를 빌리자면 "더 많이 사랑하는 사람이 약자 아니더냐." 그런데 재미있는 것은 들릴라의 질문이다. 들릴라는 삼손에게 이렇게 묻는다. "제발 제게는 말해주세요. 당신의 그 위대한 힘이 어디에서 나오는지, 그리고 어떻게 하면 당신을 묶어서 고통 받게 할 수 있는지."

들릴라는 이 질문을 끊임없이 해댔고, 성서에 따르면 삼손은 모두 네 차례 대답하였다. 대답할 때마다 삼손은 모두 자신이 알려준 대로 결박당한 채 눈을 떠야 했다. 그런데 들릴라는 정말 몰랐을까? 배신의 고통 중에도 삼손이 결코 풀 수 없었던 결박이 무엇이었는지를? 매번 자신을 묶어놓고 블레셋 사람들이 온다고 소리치던 들릴라에게 마냥 당해준 삼손이 무엇에 매여 들릴라 곁을 떠나지 못했는지를? 신파조로 얘기한다면 삼손은 '사랑의 포로'라 할 것이다. 그러나 더 깊이 생각해보면 삼손을 매어놓은 '사랑'을 보다 적절히 설명하는 용어는 불교의 가르침에서 발견할 수 있다. 불교는 사람이 스스로를 얽어매는 '아홉 가지 결박'(九結)이 있다고 가르친다. 그중 가장 지독한 결박이 애결(愛結)이다. 들릴라가 돈의 유혹에 배신을 위한 망설임의 시간, 이른바 '유다의 시간'도 거치지 않고 선뜻 응한 것을 놓고 보면 삼손의 사랑은 진정한 사랑이라기보다는 들릴라를 구속하고, 사랑이라는 이름으로 가장한 채 자신의 욕망을 채우는 애욕이었을지 모른다. 들릴라를 사랑의 이름으로 구속했다지만 사실은 삼손 제 자신도 같이 묶어버린 애결.

들릴라는 자신의 연인인 삼손을 배신했다. '사랑한다면 왜 내게 그 비밀을 알려주지 못하냐?'고 삼손을 몰아세우다 마침내 그 비밀을 알고 난 뒤에는 자신의 무릎에 삼손을 재운 채 말이다.(삿 16:19) 그러나 실제로 들릴라가 '사랑'을 배반한 것이라고 볼 수는 없을 것이다. 성서는 들릴라가 삼손을 '사랑'했다고 한번도 보도하지 않는다. 그저 들릴라는 욕정에 가득 차 앞뒤 가리지 않고 덤벼드는 고깃덩어리, 제 동족의 지도자들조차 머리를 조아릴 수밖에 없었던 힘 뭉치를 거절하고 물리칠 처지가 아니었는지 모른다. 상상력을 발휘하자면 들릴라는 '동족을 위해 네가 희생해서 그 놈 비위 좀 맞춰주라.'는 주위의 요구에, 그러면서도 동족의 원수의 창기가 되었다는 놀림에, 나아가 자신의 삶과 사랑을 진작 좌절시킨 게걸스러운 욕정 덩어리에 쫓겨다닌 여성이었을 것이다. 들릴라에게 많은 양의 돈은 단지 생활의 안락함만을 제공하는 도구가 아니었다. 들릴라에게 '돈의 유혹'은 여성의 경제적 활동이 원천봉쇄된 그때에, 삼손의 정부(情婦)로 재취의 기회도 없을 자신에게, 자신의 남자라지만 정작 자기 삶의 원수와 다를 바 없는 삼손을 제거하고 거기에 더해 생활의 안정을 보장해주는 것이었다. 블레셋 지도자들에게 '돈'을 받고 삼손을 제거함으로써 들릴라는 두 가지 복수를 동시에 실행할 수 있었다. 하나는 삼손에 대해, 다른 하나는 잘난 체하나 무력한 자신의 동족 남자들에 대해.

성서는 들릴라가 삼손을 무릎에 재우고는 한 남자를 불러 그에게 삼손의 머리를 깎게 했다고 한다.(삿 16:19) 이 점에 관한 한 '그림 2'는 '그림 3'보다 성서 이야기를 더 충실히 재현했다. '그림 2'의 들릴라는 삼손을 무릎에 재운 채 각각 가위와 칼을 들고 오는 두 남자에게 일의 나중을 맡긴다. 그러나 렘브란트가 6년 뒤에 그린 '그림 3'은 이와는 매우 다르다. 먼저 주인공이라고 할 수 있는 삼손은 멋진 근육과 균형 잡힌 몸매를 가진 루벤스의 삼손과 다른 것은 물론, 그래도 정갈한 뒷모습을 보여주는 '그림 2'의 삼손과도 다르다. 거칠게 깎인 머리털, 일그러진 얼굴, 피가 튀는 눈, 냄새가 날 듯한 입, 마구 자란 수염, 뭉뚝한 몸뚱아리, 고통 때문에 오므린 오른쪽 발가락 등 '그림 3'의 삼손에게는 영웅의 면모를 찾을 수 없다. 그것은 들릴라의 시선으로 구성한 삼손 같다. 사랑 없이 한 남자를 받아들여야 했던 들릴라가 삼손을 그렸다면 마땅히 악취 나는 입, 더러운 몸, 징그러운 얼굴 등 렘브란트와 유사하게 그렸을 것이다. 렘브란트 연구가 시몬 샤마(Simon Schama)는 삼손과 들릴라를 그린 수많은 작품들이 있었지만 이처럼 강한 삼손의 몰락을 무자비하게 그려낸 작품은 없었다고 단언한다. 그러한 삼손의 몰락은 들릴라가 원하던 바가 아니었을까?

'그림 3'에 등장하는 들릴라 역시 들릴라 자신이 그리고 싶은 자신의 모습에 가깝다. 시몬 샤마의 감상은 이러하다. "가학적으로 의기양양한 채 크게 뜬 그녀[들릴라]의 눈은 밝은 빛으로 가득 차 있다. 그 눈의 시선은 복수심을 담아 삼손에게 내려간다. 그러나 그[삼손]는 그것을 보지 못한다." 샤마의 관찰은 정확하다. 나아가 나는 그림에서 들릴라의 손에 들린 가위와 삼손의 머리카락에 주의를 기울여야 한다고 생각한다. 누군가의 표현대로 이때 들릴라가 가진 삼손의 머리카락은 일종의 전리품처럼 보이기 때문이다. '그림 2'나 성서의 보도와는 달리 '그림 3'의 들릴라는 직접 삼손의 머리를 깎은 것으로 등장한다. '그림 3'의 삼손도 그러하지만 렘브란트의 들릴라 재현도 동시대에 거의 유례를 찾아볼 수 없다. 성서 이야기에 충실한 '그림 2'를 그렸던 렘브란트가 무슨 이유에서 '그림 3'과 같이 성서를 '왜곡'했을까? 나는 렘브란트가 그의 예술적 상상력을 통해 들릴라에게 감정 이입을 했다고 해석한다.

렘브란트는 들릴라의 눈으로 그 장면을 그린다. 독자들 역시 그림 속 들릴라의 흥분과 쾌감이 혼재한 시선을 따라가다 삼손을 내려다보게 된다. 들릴라는 지금 사랑을 배반하는 것이 아니라 복수를 한다. 사랑이라는 이름으로 자신에게 욕정을 해소했던 삼손에게, 거들먹거렸지만 이제 자신의 발 앞에 은 5,500세겔을 내주어야 하는 블레셋 남성 지도자들에게. 렘브란트는 성서의 표면적 이야기를 '왜곡'함으로써 도리어 우리에게 성서의 이야기를 더욱 생생하게 살려내며, 남성적 시선에서 읽던 삼손 이야기를 다시 읽도록 촉구한다.

들릴라는 '치명적 여성'으로 번역되는 '팜므파탈'(femme fatale)의 한 명으로 서양의 문학과 예술에서 재현되었다. 일반적으로 팜므파탈은 자신의 매력으로 남성을 저항할 수 없는 욕망에 매이도록 하여 결국 위험하고 치명적인 상황으로 이끄는 여성을 가리킨다. 팜므파탈은 아름다움, 매력, 성적 유혹을 통해 남성이 이성적 판단을 하지 못하도록 줄기차게 옥죄고 심신이 지치도록 몰아간다. 렘브란트의 들릴라도 팜므파탈로 분류할 수 있을 것이다. 그러나 렘브란트는 삼손이 맞은 불행의 원인을 들릴라와 그 여인의 배신으로 돌리기보다는 제 힘의 근원인 하나님을 배반한 삼손에게 돌리고 있다.

렘브란트 그림의 독특함은 한 여인이 남성성을 상징하는 삼손의 힘을 거세하고, 남성들의 체제를 대표하는 블레셋 지도자들의 무력함을 폭로하는 복수 장면을 극적으로 재구성한 데에 있다. 아마도 삼손과 들릴라를 그린 서양의 남성 화가 중 들릴라의 시선으로 그 장면을 재현한 이는, 또 독자들에게 들릴라의 시선에서 삼손을 내려다보게 유도한 화가는 렘브란트가 유일한 듯하다.

〈간음하다 잡혀온 여인〉 - 빛 가운데 놓인 속죄제물

렘브란트 연구자들은 1642년이 렘브란트의 삶과 예술의 분기점이라고, 적어도 중요한 해라고 본다. 여기에는 두 가지 이유가 제시된다. 첫째, 그 해는 렘브란트의 예술적 성취의 길과 대중들의 미감이 결정적으로 갈리게 된 시점이다. 1642년 렘브란트는 집단 초상화 〈야경〉을 그렸다. 오늘날 그 작품은 렘브란트 미술의 한 정점으로 평가받지만 동시대 사람들은 그 걸작에 야유와 비난을 쏟아부었다. 대중의 환호를 잃어버린 천재는 더욱 자신의 길에 몰입했다. 렘브란트를 찾는 이들은 유산계급에서 전문 예술가와 지식인으로 바뀌어 갔고, 그는 이른바 예술과 도덕 면에서 시대의 풍조에 아랑곳 하지 않기로 결심했다. 네덜란드 사회가 외양으로는 존중하던 칼뱅주의적 금욕의 미덕에도 렘브란트는 구애받지 않았다. 그는 당당하게 예술가적 사치를 누렸다. 빚은 있었지만 벌이도 괜찮았다.

1642년이 중요한 또 다른 이유는 그 해에 렘브란트의 부인인 사스키아가 죽었기 때문이다.(그림 4 참조) 사스키아와 렘브란트 사이에는 네 자녀가 태어났지만, 그중 살아남은 아이는 1641년에 낳은 아들 티투스 하나였다. 사스키아는 티투스를 낳기 몇 년 전부터 병에 시달렸고, 아들이 돌도 되기 전에 누구나 가야 하는 그곳으로 떠났다. 사스키아는 렘브란트와 티투스에게 약 4만 길더 가량의 유산을 남겼다. 유언장에 따르면 렘브란트와 티투스는 유산을 절반씩을 상속받게 되는데, 티투스가 성인이 될 때까지 티투스 몫에서 생

그림 4 렘브란트, 〈병상에 누워 있는 사스키아〉, 1638
종이 위에 갈색의 펜과 브러쉬, 워싱턴 국립미술관

기는 이자는 렘브란트에게 돌아간다. 그러나 사스키아는 흥미로운 조건을 부가했다. 렘브란트가 유산을 계속 소유하려면 재혼을 해서는 안 된다는 것이었다. 렘브란트에게 티투스를 고아원에 보내지 말고 아들의 영혼을 잘 보살펴달라고 부탁한 사스키아의 유언장을 보면 핏덩이를 두고 떠나는 30살 된 '엄마'의 심정을 조금이나마 헤아릴 수 있다. 혼인하던 해 렘브란트는 사스키아를 모델로 〈아르테미시아〉를 그리면서 사스키아가 자신을 잊지 말기를 바랐지만, 사스키아가 숨을 거두고 난 뒤 '아르테미시아'가 되어야 할 사람은 바로 렘브란트 자신이었다. 그는 아르테미시아처럼 '살아 숨 쉬는 아내의 무덤'이 되었을까?

렘브란트는 격렬하게 슬퍼했다. 그러나 이미 주문자의 희망보다는 자신의 예술적 욕구대로 그림을 그리던, 위선과 허식의 사회에 맞도록 더 이상 자신을 포장하고 싶지 않았던 렘브란트는 죽은 사스키아에 대한 정절을 지키기 위해 억지춘양식의 금욕을 택하기보다는 자신의 욕정을 인정하기로 했다. 적어도 강요받은 아르테미시아가 되기를 거절한 것이다. 렘브란트의 내연녀가 된 여성은 트럼펫을 불던 남편과 사별한 디르크스였다. 디르크스는 갓난 티투스의 유모로 렘브란트의 집에 들어왔으나 이내 그의 정부가 되었다. 1647년 가정부로 일하게 된 헨드리키에라는 여인이 디르크스의 자리를 완벽하게 차지한 사건을 감안한다면 평범한 시골 여인이었던 디르크스가 렘브란트의 마음에 썩 들지는 않았던 듯하다.

디르크스가 렘브란트의 정부가 된 지 2년이 지나자 공식적으로 인가받지 못한 렘브란트와 디르크스의 '부적절한 관계'가 알려졌고 여기저기서 이를 비판하는 소리가 들리기 시작했다. 그 즈음 렘브란트는 〈그리스도, 그리고 간음하다 잡혀온 여성〉(그림 5)을 제작했다. 렘브란트의 개인사를 감안하면 1644년에 제작한 이 작품은 자신과 디르크스에 대한 변호이자 '부적절한 관계'라고 비난하던 사람들에 대한 응답이었다.

성서학자인 내가 렘브란트, 특별히 그의 성서화에 매료된 결정적 이유 중 하나는 그가 성서학자들이 치밀히 쌓아올려야 얻을 수 있는 연구 결과를 예술적 통찰력으로 잡아낼 뿐 아니라 이를 단 한 폭의 화면 안에 감동적으로 담아내기 때문이다. 조금 자조적으로 말하자면 그는 성서학자들처럼 수다스럽지 않다. 〈그리스도, 그리고 간음하다 잡혀온 여성〉은 바로 렘브란트의 불가사의할 정도의 통찰력 있는 예술적 성서 읽기를 고스란히 드러내는 작품이다.

간음하다 현장에서 잡혀 예수 앞에 오게 된 여인의 이야기는 요한복음서에만 나온다.(요 7:53-8:11) 그러나 이 이야기는 원래 요한복음서의 일부가 아니었다. 가장 오래된 고대 사본에는 이 이야기가 없고, 이 이야기를 담은 후대의 사본도 지금의 위치가 아니라 7:36 다음이나 21:21 이후에 자리 잡고 있다. 한마디로 이 이야기는 네 복음서 기자가 모두 알지 못한 예수 이야기로 어느 복음서 안에도 정착되지 못하다가 후대에 요한복음서에 삽입된 것이다. 그러나 이와 같은 사실은 이 이야기의 가치를 훼손한다기보다는 더욱 빛나게 한다. 짧은 에피소드가 보존되는 가장 안정적인 길은 위대한 작품 안에 삽입되는 것인데, 이 이야기는 적지 않은 기간을 그 자체의 생명력으로 자신을 보존해온 것이다. 일부 저명한 주석서는 이 단락을 주석하지 않거나 주석하더라도 21장 이후에 두어 요한복음서의 전후 문맥을 떠나 해설한다. 그러나 그 아름다움만큼은 '아름다운 왕관 중앙에 박힌 보석'이라는 별명에 어긋나지 않는다.

이야기의 대략은 이러하다. 예수가 성전에 도착하자 많은 백성들이 그에게 모여들었고 예수는 당시 권위 있는 랍비들이 그러했듯이 '앉아서' 그들을 가르쳤다. 그때 예수의 적대자들인 율법학자들과 바리새파 사람들이 간음하다가 붙잡힌 여자를 끌고와서 '가운데' 세워놓고 예수에게 물었다. "선생님, 이 여자는 간음하다가 현장에서 붙잡혔습니다. 모세의 율법에서 모세는 우리에게 그런 여자는 돌로 치라고 명령했습니다. 그런데 선생님이라면 무엇이라고 말하겠습니까?"

대적자들은 예수를 모세와 강하게 대조하여 질문한다. 성서는 이 물음이 예수를 시험하여, 그를 고발할 구실을 얻기 위함이라고 밝힌다. 무엇을 시험한다는 것일까? 반대자들은 예수가 누구에게 충성하고 있는지를 백성들 앞에서 드러내고자 한다. 모세의 율법을 따르라고 하면 그 여인을 돌로 쳐야 하는데 이는 로마가 팔레스타인 땅에서 소유한 사형 판결권과 집행권에 대한 도전이 된다. 반면 돌로 치지 말라고 하면 모세의 율법을 거스른, 곧 로마가 두려워 하나님의 율법을 저버린 가짜 선생이 되고 만다. 모세를 따른다고 하면 로마의 칼이, 로마에 굴복한다고 하면 민중의 분노가 기다리고 있었다. 예수의 반대자들의 계략은 탁월했지만, 그리 존경스럽지는 않다. 그들은 정말 답을 몰랐을까? 모세를 따른다고 자처하는 이들이라면 누구에게 물어볼 것도 없이 그 여인을 돌로 치면 되고, 모세의 율법을 지키기에는 자기 목숨이나 안위가 아까운 사람은 겸연쩍어하며 그 자리를 피하면 그뿐이다. 그들은 예수를 시험하고 있었지만 동시에 자신들의 불신 혹은 비겁을 스스로 폭로하는 중이다. 나아가 그들은 한 여인의 목숨을 두고 예수를 시험하기 위해 나아온다. 한 여인의 간음 행위를 적발할 때 그들의 머리에 떠오른 것은 하나님의 공의나 부부 간의 정절이 아니라 예수에 대한 해코지였다. 모세의 율법을 운운하던 그들을 보며 제3계명을 떠올리기란 어렵지 않다. "너는 네 하나님 야웨의 이름을 망령되게 부르지 말라."

예수는 말로 대답하지 않았다. 대신 몸을 굽혀서 손가락으로 땅에 무엇인가를 썼다. 고대 사본 중 일부는 예수가 '그들 각자의 죄목'을 썼다고 기록하지만 중요 사본에는 그런 기록이 없다. "같이 간음한 남자는 어디에?"가 그 글의 내용이라고 하는 만담가도 있지만 예수의 글에 대한 학자들의 의견

그림 5 렘브란트, 〈그리스도, 그리고 간음하다 잡혀온 여성〉, 1644
유화, 83.8×65.4 cm, 런던 국립미술관

은 분분히 갈린다. 어떤 이들은 흥분한 적대자들의 분노를 가라앉히기 위해 예수가 그저 시간을 벌고 있었다고 생각한다. 아라비아 문헌들은 정신이 혼란할 때 낙서를 하는 셈족의 관습을 보고한 적도 있다. 다른 이들은 다니엘서에서 벨사살 왕의 잔치에 나타난 하나님의 손과 그의 글, 곧 '저울에 달아보니 모자라다.'를 예수가 땅 위에 쓴 글을 이해하기 위한 배경으로 지적한다. 하나님이 직접 썼다는 출애굽기(23:1, 7)의 보도를 예수 행동의 배경이라고 주장하는 학자도 있다. 하나님을 떠난 자들은 먼지에 기록될 것이라는 예레미야서 17:13을 떠올리는 학자들도 있다.

우리처럼 예수의 행동을 제대로 이해하지 못한 반대자들은 예수를 다그쳤고, 마침내 예수가 입을 열었다. "너희 중에 죄가 없는 사람이 먼저 이 여인에게 돌을 던져라." 그러고는 다시 누구도 모를 글을 땅 위에 썼다. 모세의 율법, 로마의 숨은 위협, 간악한 계략, 흥분한 군중 등 한바탕 소용돌이가 휩쓸고 지나간 자리에는 결국 예수와 여자만이 남게 되었다. 예수는 그제야 몸을 일으켜 여인에게 말한다. "여자여, 그들이 어디에 있는가? 아무도 그대를 정죄하지 않는가?" 여자가 스스로 대답한다. "아무도 없습니다, 주님." 뒤에 이어지는 예수의 놀라운 선언, "나도 역시 너를 정죄하지 않겠다. 가거라. 그리고 지금부터는 더 이상 죄를 짓지 말거라."

'그림 5'를 보라. 이 그림은 이 주제를 그린 다른 화가들의 그림과는 다른 매우 두드러진 두 가지 특징이 있다. 첫째, 간음한 여인이 주인공처럼 등장한다. 렘브란트는 그 특유의 빛 속에 여인을 있게 한다. 둘째, 이 그림은 위와 아래의 이층 구도로 이루어져 있는데, 이는 통상적으로 화가들이 이 주제를 그릴 때 예수를 가운데 놓고 좌우에 고발자와 간음한 여인을 두거나 혹은 간음한 여인을 가운데 두고 예수와 고발자들을 배열하는 수평적 구도와는 사뭇 다르다. 두 특징 가운데 먼저 후자의 것에 집중해보자.

아래층 가운데 여인과 그 여인의 오른편에서 손으로 그 여인을 가리키고 있는 키 작은 사내, 그리고 예수는 대각선 구도에 놓여 있다. 이제 빛을 받는 예수와 예수의 오른편에 서 있는 남자로부터 시작되는 또 다른 대각선을 그어보라. 선을 연장해 그림의 위쪽 오른편으로 쭉 올라가면 그 선이 위층에 앉아 있는 제사장에게 가닿는 것을 알게 된다. 지금 위층에서는 무슨 일이 벌어지고 있는가? 그곳에서 간음하다 잡힌 남자에 대한 재판이 이루어지는 것 같지는 않다. 위층에는 제사장이 있고 그 앞에는 권위를 상징하는 두 기둥과 제단이 있으며, 제단 앞에 무릎을 꿇고 고개를 숙인 한 남자가 있다. 그 남자 뒤로는 일단의 사람들이 손을 모으거나 고개를 숙이거나 무릎을 꿇고 있다. 이것은 간음하던 남자에 대한 재판 장면이라기보다는 자신들의 죄를 고백하러 나온 무리 같이 보인다. 제사장, 그 앞의 제단, 제단 아래에서 손을 모으고 무릎을 꿇고 있는 이들의 조합은 자신의 죄를 고백하고 자비를 구하는 사람들과 하나님을 대신해 용서를 선포하는 제사장의 만남이 이루어지고 있음을 알린다.

위층의 장면을 이렇게 해석하고 보니 렘브란트가 그림을 이층으로 구성하고, 예수를 중심으로 주요 인물들을 대각선으로 배치한 의도가 서서히 드러나기 시작한다. 이러한 구도와 배치는 감상자들에게 위층과 아래층을 서로 비교하며 보라는 주문이다.

우선 예수는 제사장에 대응한다. 예수와 제사장 모두 왼손을 각자의 가슴에 올려놓고 있다. 예수의 왼편과 제사장 왼편의 검은색 옷을 입은 이들은 고발자들이다. 그들은 여인과 일단의 무리를 고발하고 있다. 여인이 무릎 꿇은 계단과 위층의 제단이 서로 대응한다. 그러나 대조되는 부분도 있다. 위층 제단에 놓인 제물은 확실하게 보이지 않지만 아래층 제단인 계단에는 여인, 곧 제단에 놓였으니 제물이라 부를 수 있는 한 여인이 죄를 고발당한 상태로 있다. 위층 제단 앞에 있는 무릎 꿇은 남자 뒤에 일단의 사람들이 용서를 구하는 자세를 취한 반면, 여인 뒤에 있는 이들은 고발자와 당당히 서 있다.

이제 이러한 구도를 설정한 렘브란트의 의도가 분명해 보인다. 여인은 제단을 암시하는 계단에 놓인 희생제물이다. 희생제물은 죄를 지은 이들이 자신의 죄를 속하기 위해 하나님께 드리는 것이다. 희생제의를 드리고자 하는 이들은 희생제물로 쓰이는 동물에게 자신의 죄를 전가하고, 그것을 죽이면서 하나님께 용서를 간구한다. 따라서 희생제물을 드리는 이들은 자신의 죄를 대신하는 제물을 드리면서 겸손하고 참회해야 한다. 그래서 위층의 이들은 제단 앞에 무릎을 꿇었다. 그들은 은총과 긍휼을 구하러 나왔다. 그러나 아래층의 형편은 어떤가? 거기에는 같이 무릎을 꿇어야 할 이들이 도리어 고발자로 행세한다. 마음으로 음욕을 품으면 이미 간음한 것(마 5:28)이라는 엄격한 기준을 충족시킬 고발자는 거의 없을 것이다. 그러나 여인에게 죄를 묻는 이들은 죄와는 무관한 이들인 양, 도리어 공의의 공격적 수호자인 양 활약하려 한다. 예수는 말한다. "너희 중에 죄가 없는 사람이 먼저 이 여인에게 돌을 던져라." 그들은 무릎을 꿇는 대신 자신의 죄가 지적된 현장에서 슬슬 빠져나가는 편을 선택했다. 예수는 간음하는 여인에게 죄가 없다하지 않는다. 당시 사형에 해당하는 간음죄를 저질렀다면 그 여인은 남편이 있는 여인이나 정혼한 여인이었을 것이다. 여인은 남성들이 사악한 목적을 위해 자신을 희생제물로 활용하는 것을 방어하지 못하였다. 그러나 렘브란트는 세상 사람들의 질타와 비난, 그리고 죽음의 위협에 놓인 한 여인을 빛 속에 둔다. 그 빛은 용납과 정화의 빛이다. 여인은 예수의 뒤에서 내려오는 빛, 곧 예수를 통해 비치는 하나님의 빛 가운데 들어와 있다.

개인사를 배경으로 하면 이 그림은 렘브란트가 자신과 디르크스에게 쏟아지는 비난에 대한 대꾸로 이해할 수 있다. 렘브란트는 자신이나 디르크스의 '죄'를 부정하지 않으면서도 자신을 비판하는 이들의 위선이 탐탁하지 않았던 것 같다. 렘브란트의 그림은 정절을 지키지 않고 수치스러운 일을 범한 여인에 대해 누구나 쉽게 하는 비난과 비판을 잠시 멈추게 한다. 그리고 그 여인을 바라보며 과연 그 여인은 누구이고, 그토록 아무렇지도 않게 비웃으며 손가락질하는 이들은 누구인지를 묻게 한다. 그림의 감상자들은 어쩌면 그 여인에게서 자신을 발견할 수 있을지 모른다. 아니, 그림의 고발자들처럼 위선적 당당함 속에서 스스로의 얼굴을 찾을 수도 있다.

타인에 대한, 더군다나 혐오를 받을 만하다고 여겨지는 타인에 대한 연민과 동정, 그리고 배려는 어디에서 오는 것일까? 다른 이들을 조금이라도 이해함이 혹은 이해하려는 노력이, 아니 다른 이들에게서 내 자신의 연약한 모습을 발견함이 봄바람의 근원은 아닐까? 성서는 연약한 우리를 따뜻하게 대하는 대제사장 예수를 소개한다. "우리의 대제사장은 우리의 연약함을 동정하지 못하시는 분이 아닙니다.…그는 자기도 연약함에 휘말려 있으므로, 그릇된 길을 가는 무지한 사람들을 너그러이 대하실 수 있습니다."(히 4:15, 5:2) 렘브란트가 이해한 복음은 간음하다 현장에서 붙잡힌 여인마저도 용납과 정화의 빛 속에서 붙잡아줄 사랑의 복음이었다.

5

밧세바와 다윗 혹은 아름다움과 권력

:: 배경이 되는 말씀

사사기 13-16, 요한복음서 7:53-8:11

"저녁의 벚꽃/ 오늘도 또 옛날이/ 되어버렸네(夕ざくらけふも昔に成りにけり)." 고바야시 잇사(小林一茶)의 하이쿠.(俳句) "얼마나 이상한 일인가/ 벚꽃 아래/ 이렇게 살아 있다는 것은!" 잇사의 또 다른 하이쿠. 언어의 미학적 절제 속에 하이쿠는 그림으로 태어난다. "시는 말하는 회화요, 회화는 말 없는 시이다."(레오나르도 다 빈치) 봄밤의 벚꽃을 그린 잇사의 하이쿠는 많은 이야기를 하도록 감상자를 도닥인다. 함석헌의 표현을 빌리자면 하이쿠와 같은 시는 대개 "맘에다 칼질"한 결과로 탄생한다. 말 안 한 사연, 아니 말 못한 사연 그 얼마나 많을까.

〈밧세바〉(그림 1)는 우리가 앞에서 다룬 "렘브란트 성서화의 변증법"이나 "새롭게 해석된 여인들"과 연관된 주제이다. 작품 〈밧세바〉는 이전 두 글을 엮고, 새로운 주제를 여는 작품이라고 할 수 있다. 말을 보태면 〈설교하는 세

그림 1 렘브란트, 〈밧세바〉, 1654, 유화, 142×142cm
파리, 루브르 박물관

례자 요한〉(1634)이 진리가 현존하는 방식을, 〈선한 사마리아인〉(1633)이 선함이 일어나는 자리를 밝히는 렘브란트 변증법의 소산이었다면, 〈밧세바〉는 미(아름다움)가 현실에서 겪어야 하는 처지를 보여준다. 또한 〈밧세바〉는 여성의 누드를 그린, 따라서 남성들의 탐욕스러운 시선을 끌지만 여성을 대상화하지 않고 하나의 주체로 감상자에게 각인시키는 작품이다.

밧세바 - 고민하는 아름다움

성서에는 입다의 딸(삿 11:29-40)과 같이 한(限) 많은 여인들이 그 이름도 알리지 못하고 희생의 길을 강요당한 이야기가 있다. 반면 밧세바는 성서에 이름을 남긴 여인이다. 그러나 이는 그의 삶이 기쁨보다는 슬픔에 가깝다는 암시이다. '밧세바'라는 이름이 명기됨은 가부장적 사회에서 '밧세바'가 한 남자의 소속으로 안정된 삶을 살 수 없었음을, 다시 말해 굴곡진 삶을 살아갔음을 의미한다. '밧세바'로 하지 않으면 그 여인은 나름 사연 많은 남자들에 기대어 '아히도벨의 손녀, 다윗의 부하 엘리암 혹은 아미엘의 딸, 다윗의 부하 헷 사람 우리야의 아내, 다윗의 후궁, 솔로몬의 어머니'로 불려야 했을 것이다. 나아가 만약 누군가 '밧세바'라고 부르지 않고 그 여인과 관련된 말을 꺼내는 경우가 있다면 이는 그 사람에게 모종의 숨은 의도가 있는 것처럼 비친다. 예를 들어 "다윗은 우리야의 아내에게서 솔로몬을 낳았다."라는 마태복음서 저자처럼 말이다.(마 1:6) 다윗이 '자신의 아내'나 '밧세바'가 아니라 '우리야의 아내'[헬라어를 직역하면 '우리야에게 속한 것'(여성형)]에게서 솔로몬을 낳았다니……. 마태처럼 '밧세바'를 제거하고 문장을 만들면 '갑이 을에게서 병을 낳았다.'는 평범한 혹은 축하해줄 상황을 묘사하는 문장은 우습고도 무섭게 된다.

'우리야에게 속한 것'이 '밧세바'로 역사에 남게 된 사건은 대단치도 않은 일상에서 왔다. 밧세바의 남편 우리야는 이스라엘과 암몬 사이에 벌어진 전쟁에 참전 중이었다. 이 전쟁은 통상 겨울 우기가 끝나고 곡식을 심기 전에 일어났다. 다윗은 전쟁에 참여하지 않고, 저녁 무렵 잠깐 눈을 붙이고 일어나서 시원한 바람을 쐬기 위해 왕궁의 옥상으로 올라가 거닐었다. 그때 한 여인이 목욕하는 모습을 보았다. 사무엘하 기자는 다윗의 입을 빌리지 않고 직접 말한다. "그 여인은 보기에 매우 아름다웠다."(삼하 11:2) 렘브란트가 구약을 더욱 생생히 이해하고, 또 그리기 위해 읽었던 유대인 역사가 요세푸스는 이 장면을 이렇게 쓴다. "다윗은 치명적인 죄에 빠지고 말았다. 본래 그는 천성적으로 의롭고 경건한 남자였고, 조상의 율법을 굳세게 지키는 사람이었다. —중략— 그러나 그는 그 여인의 아름다움에 굴복하고 말았다. 그는 자신의 욕정을 제어할 수 없었다."(요세푸스, 『유대고대사』, 7.130.)

다윗은 사람을 보내서 그 여인이 누구인지를 알아보았고, 신하는 여인이 다윗을 위해 싸웠던 용사 엘리암의 딸이자, 지금 자신과 자신의 나라를 위해 전쟁에 임한 용사 우리야의 아내임을 알려주었다. 그러나 다윗은 엘리암과 우리야의 충절을 기억하기보다 욕정으로 불타올랐다. 그는 사람을 보내어 밧세바를 데려오라고 명령하였다. 밧세바가 왔을 때 다윗은 밧세바를 범하게 된다. 성서는 그저 다윗이 밧세바와 '함께 누웠다.'고 한다. 어떤 주석가는 이를 두고 다윗의 '간음'이라고도 표현한다. 그러나 이러한 표현들은 남성적 시각을 반영한다. 그것은 두말할 나위 없는 강간이다. 남편을 싸움터로 내보낸 여인, 남편의 생사를 한 손에 쥐고 있는 왕의 게걸스러운 탐욕을 거절한다면 우리야가 무사히 돌아올 리 만무하다. 밧세바의 처지, 남편을 살리려면 남편을 배신해야 하는 그 여인의 비극적 운명을 설명하기에 진퇴양난이라는 말은 너무 건조하다. "이 가을 저녁/ 인간으로 태어난 것이/ 결코

그림 2 렘브란트, 〈밧세바〉, 1643, 유화, 57.2×76.2cm
뉴욕, 메트로폴리탄 미술관

가볍지 않다."(잇사의 하이쿠)

요세푸스는 우리야가 죽은 것이 밧세바의 독촉 때문인 양 그린다. "이후 그 여인이 임신하였고, 왕에게 사람을 보내어 왕이 여인의 죄를 숨길 수 있는 방법을 고안하도록 하였다."(『유대고대사』, 7.131, 조상들의 율법에 따르면 간음한 여인은 사형에 처해져야 했기 때문이다. – 필자) 이와 같이 밧세바를 요부로 처리하여 다윗의 체면을 조금이나마 살려주려는 노력은 요세푸스만 행한 것이 아니다. 렘브란트 이전, 그리고 이후 적지 않은 회화들이 다윗의 부름에 들떠 있는 밧세바를 그렸다. 다윗 못지않게 밧세바도 '즐겼다'는 것이다.

렘브란트 역시 1643년 그와 같은 고정관념 속에서 〈밧세바〉를 그렸다.(그림 2) 그 그림에서 렘브란트는 다윗이 밧세바를 범한 사건을 '다윗과 밧세바의 화간(和姦)'으로 처리한다. 1643년 작에는 사치 혹은 방탕을 상징하는 공작의 첨가와 고개를 들고 뭔가 들뜬 듯한, 그리고 기대에 찬 듯한 밧세바의 미소 띤 표정과 머리를 단장하는 하녀가 눈에 띈다. 그러나 당시 밧세바의 심정이, 그리고 그 정황이 그랬을 리가 없다. 밧세바는 남편의 죽음에 슬피 운 여인이었다. 요세푸스는 밧세바가 임신을 하고 다윗을 채근했다는 식으로 보도하지만 밧세바의 임신은 누가 보아도 밧세바가 아니라 다윗의 죄를 보여주는 것이며, 그 죄를 가려야 할 이는 다윗 자신이었다. 밧세바가 임신한 것을 알자 다윗은 전장에 있던 우리야를 예루살렘으로 불렀고, "발을 씻으라"(삼하 11:8)는 통상적 완곡어법으로 밧세바와의 잠자리를 권한다. 그러나 충성스러운 용사 우리야는 이를 거절하였다. 그는 언약궤를 모시고 간 전쟁, 곧 성전(聖戰)을 치르는 용사였고, 율법과 전우들을 먼저 생각하는 군인이었다. 결국 다윗은 간계를 적은 편지를 우리야의 손에 직접 들려 요압에게 보낸다. 그 계책은 위험한 전투에 우리야를 앞세우다가 그를 혼자 버려두어 죽게 만들라는 것이었다. 우리야의 상관 요압은 편지의 내용을 그대로 실행하였다. 우리야는 전투 맨앞에 섰고, 홀로 남은 채 죽었다. 그가 죽은 이유는 비겁과 변절에 의해서가 아니었다. 자신의 사형선고장을 들고 간 우리야는 용기와 충절을 남기고 사라졌다. "불쌍한 눈/ 하필이면 담벼락에/ 내려앉다니."(잇사의 하이쿠)

밧세바는 통곡하였다. 모세와 아론과 같이 특별한 인물이 아닌 한 애도의 기간은 7일을 넘지 않았을 것이다. 그 기간이 끝나자 다윗은 우리야의 아내에게 사람을 보내, 그 여인을 데려오도록 했다. 렘브란트의 〈밧세바〉(그림 1)는 맨 처음 소환 장면이 아니면 우리야가 죽은 다음 왕궁으로 들어오라는 전갈을 받고 있는 장면 중 하나를 그린 것으로 보인다. 내가 판단할 때는 후자이다. 밤에 이루어진 첫 번째 비밀스러운 부름에 편지와 같은 문서를 보냈을 리는 만무하다. 밧세바의 손에 들린 문서는 전투에서 순국한 용사의 부인을 왕이 직접 챙긴다는 그럴듯한 명분을 과시하는 데 더 적합하다. 밧세바의 손에 들린 사실상의 소환장은 우리야를 죽이라는 소식을 담았던 다윗의 편지만큼 음험하다.

'그림 1'을 살펴보자. 뒤편에 놓인 황금빛 나는 천, 밧세바의 팔찌와 목걸이, 그리고 머리 장식, 무엇보다 벗은 채 발가락까지 정결하게 한 밧세바의 몸은—그 몸은 비록 다른 화가들의 처리처럼 완전무결하게 미끈한 순백의 피부에 남자들의 춘화(春畵)적 욕정을 부채질하기에는 다소 사실적이기는 하지만—다윗과 같은 사내들에게 탐나는 것이다. 렘브란트의 누드화 중 마지막 것으로 보이는 이 누드를 음탕하게 샅샅이 훑어보라. 한껏 욕정에 부풀어오를지 모르지만, 그러나 모든 정욕의 발기는 밧세바의 얼굴에서 멈춘다. 밧세바는 고개를 숙여 자신의 발을 닦는 하녀를 바라본다. 아마 발을 닦는 것이 몸단장의 마지막 순서일 것이다. 이제 다윗을 만나러 가야 한다. 남편의 살해범을 위해 몸단장을 해야 하는 밧세바는 자신의 발을 닦는 하녀를 차라리 부러워했을지 모른다. 밧세바의 기울어진 고개, 그리고 그 시선은 고심에 차 있다. 하여 돌아서서 눈 감으면 밧세바의 몸만이 아니라 그 수심에 잠긴 얼굴이 동시에 떠오른다.(그림 3 참조) 권력에 의해 소환되는 그 여인, 그 아름다운 여인, 그 아름다움은 고민한다. 추한 세상 속 힘들의 자장(磁場) 가운데 놓인 아름다움은 찬탄과 기쁨이 아니라 고민과 슬픔 속에 존재한다. '매우 아름다운' 그 여인만의 경우만 그러할까? 아니다. 세상에 존재하는 모든 아름다움은 처음에는 경탄을 불러오지만, 그것은 이내 질시, 지배욕, 소유욕, 다툼, 분쟁의 타락한 힘의 얽힌 상태에 놓이게 된다. '아름다움'이 기쁨과 긍정 속에만 놓인 유일한 때는 하나님의 에덴에서만이었다. 하나님은 예술가

그림 3 반 고흐, 〈슬픔〉, 1882
석판화, 39.1×29.9cm, 뉴욕, 현대미술관

반 고흐는 "렘브란트의 그림을 보고 있노라면 하나님이 계시다는 것을 부정할 수 없다."면서 경탄했다. 이 작품은 렘브란트의 밧세바에 견줄 만한 몇 안 되는 누드화로 꼽힌다. 고흐의 누드 역시 감상 후 여인의 벗은 몸과 함께 슬픔이 기억나게 마련이다.

처럼 세상을 창조하면서 자신이 만들어놓은 세상의 아름다움을 보고 연거푸 '아름답다'고 외쳤다.(창 1:4, 10, 12, 18, 21, 31) 하나님 안에서만 아름다움은 아름다움으로 고스란히 보존된다. 신화적으로 말하면 타락 이후 아름다움도 '에덴의 동쪽' 삶을 살게 된 것이다.

다윗의 밧세바 소환장

렘브란트의 〈밧세바〉를 통해 우리는 아름다움 및 그것과 관련된 인간의 죄를 숙고할 기회를 얻는다. '에덴의 동쪽'에서 아름다움은 왜 고민하는가? '매우 아름다운 여인'과 관련된 다윗의 죄, 일반화한다면 아름다움과 관련되어 인간이 범하는 죄의 본질은 무엇일까? 다윗의 죄는 껍데기에 있는 아름다움을 보고 탐닉한 것일까? 그러나 아름다움은 우선 껍데기에 현상되게 마련이고, 따라서 미술사에서 껍데기는 부정의 대상이라기보다는 긍정의 대상이다. 한 미술평론가의 글을 다소 길게 인용하면 이러하다.

> '아름다움이란 피부 한 겹 깊이일 뿐'이라는 말이 있다. 이를 피상적인 아름다움에 현혹되지 말라는 경고로 읽으며 '껍데기는 가라'고 할 수도 있을 것이다. 하지만 한 겹 껍질일 뿐인 피부, 오래가지 못하며 항상 변해서 덧없는 그 표면 말고 또 어디에 아름다움이 있다고 할 수 있을까. 미술의 어떤 사조보다 눈에 보이는 표면에 충실했던 인상주의 시대의 조각가인 로댕은 '조각가가 배워야 할 것은 표면을 재생하는 것'이라고 했

고, 그의 표면에서는 영혼과 사랑과 열정과 인생이 고동쳤다.(그림 4 참조 –필자) 밝은 눈으로 포착된 표면 한꺼풀에는 우리가 내부 혹은 진실이라고 하는 것이 짧은 생명을 유지하면서, 시시각각 허물을 벗고 변화하면서, 다 드러난다. 그래서 실로 아름다운 것은 껍질 한꺼풀뿐이다.–김진희, "성수동 이마트, 김일용의 〈존재 없는 존재〉–아름다운 껍데기" *Friday* no. 90(2004. 5. 21–27).

껍데기를 긍정하지 않는다면 예술 자체를 논할 수 없다. 또한 그러한 형태의 금욕주의는 성서적 신앙과 거리가 멀다. 성서는 표면에 존재하는 아름다움을 거절하지 않는다. 대표적으로 성서 중 아가서는 '껍데기'를 오감으로 포착하고 그것을 한껏 즐기는 사람들을 보여준다. 곧 눈으로는 반짝임을 보고, 코로는 자극적 향기를 맡으며, 몸으로는 부드러운 살결을 느끼고, 귀로는 간지러운 속삭임을 들으며, 입으로는 촉촉한 달콤함을 맛보는 이들에게 아가서의 저자는 아무런 죄도 묻지 않는다. 도리어 '껍데기'의 아름다움을 즐기지 못하는 이들이 질투하는 죄를 범할 뿐이다. "보이는 것보다 보이지 않는 것에 더 중요성을 부여할 근거는 어디에도 없으며, 그 역도 마찬가지입니다.–중략–정말로 중요한 것은 사실상 보이는 것과 보이지 않는 것에 의해 환기되는 신비[입니다]."(르네 마그리트가 미셸 푸코에게 보낸 편지 중에서)

그렇다면 그 아름다운 껍데기를 영원의 아름다움으로 연결 짓지 못하고 껍데기에만 매몰된 것이 다윗의 죄일까? 이른바 성화를 다룬 이 글에 관심을 두는 독자라면 이런 방식의 사유에 익숙할 것이다. 발터 벤야민(Walter

그림 4 로댕, 〈헬멧 직공의 아름다운 부인이었던 여인〉
1880–1885, 청동, 94.5×30.5×19.7cm

로댕은 껍데기만 재생했다지만 그 껍데기는 많은 말을 하지 않는가? 이 청동상은 글 초두에 언급한 함석헌의 『뜻으로 본 한국역사』의 표지 그림으로 선택한 작품이다. 함석헌은 이 작품을 〈갈보였던 계집〉으로 소개하고 그 여인을 고난의 여왕인 한국에 빗대었다.

Benjamin)은 이런 방식의 사유에서 알레고리의 동력을 찾아낸다. 그에 따르면 "사물의 무상함에 대한 통찰과 그것들을 영원성으로 끌어올려 구원하려는 배려가 알레고리적인 것 속의 가장 강한 모티브 중 하나이다." 그렇다면 다윗에게 이렇게 따지고 들까? '당신은 밧세바라는 여인의 아름다움을 찬탄했소. 여인의 아름다움에 대한 경탄이 나쁜 것은 아니지만 당신은 여인의 아름다움이 의미하는 바를 깨닫지 못했소. 여인의 아름다움은 그 아름다움을 허락하신 하나님의 아름다움을 보도록 고안된 알레고리오. 당신은 이 땅에서 사라질 것에 매여 영원의 아름다움을 통찰할 기회를 잃어버렸소. 거기에 당신의 죄가 있소. 표지판의 화살표가 가리키는 방향이 아니라 그 화살표를 보고 달려든……'

다윗의 죄는 아름다움과 아름다운 개별자 사이를 구분하지 못하고, 아름다운 개별자에게 몰입한 데에 있다고 규정할 수 있을까? 그러나 아름다운 개별자에게 몰입한 것 자체가 죄일 리 없다. 아담이 하와에게 이렇게 말했을 때 타락은 일어나지 않았다. "이제야 나타났구나, 이 사람! 뼈도 나의 뼈, 살도 나의 살, 남자에게서 나왔으니 여자라고 부를 것이다."(창 2:23) 하나님은 에덴에서 그의 작품에 감탄하는 아담을 결코 질투하시지 않는다.

그렇다면 다윗의 죄는 무엇인가? 그 죄의 내용은 〈밧세바〉의 손에 들려 있는 종이에 적혀 있지 않을까? 앞에서 이 종이는 다윗이 밧세바에게 보낸 소환장이라고 밝혔다. 그러나 곰곰이 생각해보면 그 소환장은 다윗이 밧세바를 부르는 것만은 아니다. 그 소환장이야말로 하나의 알레고리로 읽어야 한다. 다윗 '왕'이 '아름다운' 여인 밧세바에게 보낸 소환장은 권력이 아름다움을 속속들이 정복하고 배타적으로 소유하고자 발부한 소환장을 가리킨다고 할 수 있다. 그러기에 아름다움에 대한 인간의 원죄를 적은 고발장!

다윗은 근본적으로 아름다움을 대면하는 방식에서 오류를 저질렀다. 대상에 따라 그에 적절한 태도를 취하지 않으면 대상과 소통할 수 없게 된다.

제아무리 억센 손이라도 빛깔을 움켜쥘 수는 없다. 나아가 대상에 대한 부적절한 태도는 대상과 그 대상 앞에 선 주체에게 해가 된다. 다윗은 밧세바라는 아름다운 여인을 소유하려고 하였다. 그러나 인간이 아름다움을 배타적으로, 그리고 폭력적으로 소유하려 드는 순간 아름다움은 부서져버린다. 가장 강력한 소유 방식(mode)으로도 아름다움을 파지할 수 없다. 아름다움은 마치 모래처럼 더 세게 힘을 줄수록 손에서 더 빨리 빠져나가게 마련이다. 그렇다면 아름다움 앞에 어떻게 서야 하는 것인가? 다윗이 한 여인, 곧 밧세바라는 아름다움 앞에 섰던 것을 두고 이야기를 해나갔으니, 다른 한 남자가 다른 한 여인 앞에 선 얘기를 꺼내야 할 것 같다.

> 그 여인과 만날 때마다 그의 아름다움에는 새로운 의미가 더해졌고 그의 감미로운 영혼을 새롭게 깨닫는 눈을 얻어갔다. 마침내 그녀는 한 권의 책이 되었는데, 나는 그 책의 페이지를 이해할 수 있었고, 모든 구절을 노래할 수 있었다. 그러나 그 책을 완전히 읽어낼 수는 없었다. 섭리의 신이 선사한 영혼과 육체의 아름다움을 가진 여인은 하나의 진리이다. 그것은 열려 있으면서 동시에 감춰져 있다. 우리는 그 진리를 오직 사랑을 통해 이해할 수 있고, 덕을 통해서만 만질 수 있다. 우리가 그러한 여인을 상세히 그려내려고 할 때마다 여인은 마치 수증기처럼 사라져버린다.—칼릴 지브란, *The White Torch* 중에서

지브란은 여인을 만나는 한 남성의 독백을 들려준다. 남자는 여인과 익숙한 사이지만 언제나 새로워했고, 속속들이 이해했지만 전부 다 꿰차지는

못했다. 남자에게 여인은 환히 열려 있지만 동시에 비밀스러웠고, 따라서 정밀하게 해부하려면 사라져버리는 그 여인과 만날 수 있는 유일한 길은 사랑과 덕 외에는 없었다. 이는 다윗이 밧세바를 대하는 방식과 얼마나 다른가. 이는 아름다움을 파괴하는 권력의 정복욕이 발부한 소환장과는 얼마나 다른 것인가. 진실로 아름다움은 숨음과 드러남 사이에서, 익숙함과 친숙함 사이에서, 덕과 사랑을 가진 이들에게서 현현한다.

다윗, 용서를 구하다. 그러나…

사건 이후 사무엘하서 12장은 다윗이 나단의 질책을 받아 회개하였다고 보도한다. 시편 51편은 다윗이 밧세바와 관련된 죄악을 참회하는 시로 알려져 있는데, 렘브란트도 시편 51편을 배경으로 다윗이 기도로써 회개하는 장면을 그렸다.(그림 5) 이 그림을 통해 렘브란트는 무릎을 꿇고 침상을 적시는 다윗의 진심어린 회개를 보여준다. '그림 5'를 보라. 그곳에서 다윗의 얼굴은 윤곽만 남기고 어둠 속에 있다. 이는 다윗의 심정이 온전히 슬픔 속에 잠겨 있다는 것을 보여준다. 그러나 나는 시편 51편에 관한 통상적 견해를 순순히 받아들일 수 없다. 도리어 다윗이 밧세바와 그의 남편에게 죄를 저지르고 용서를 구하며 썼다는 시편 51편을 읽으면 가중된 의분을 느낀다. 이른바 참회하며 용서를 빈다고 하면서 내뱉는 다윗의 말 가운데 세 구절만 인용해 본다.

그림 5 렘브란트, 〈기도하는 다윗〉, 1652, 에칭 및 드라이포인트
14×9.2 cm, 뉴욕, 메트로폴리탄 미술관

주님께만, 오직 주님께만 나는 죄를 지었습니다.(4절)

주님 앞에서 나를 쫓아내지 마시며, 주님의 성령을 나에게서 거두어가지 말아주십시오.(11절)

하나님께서 원하시는 제물은 찢겨진 심령입니다. 오, 하나님, 주님은 찢겨지고 짓밟힌 마음을 멸시하지 않으십니다.(17절)

다윗은 정말 자기가 무슨 죄를 지었는지 알고 있었을까? 위의 구절들의 발설자는 영화 〈밀양〉의 유괴살인범처럼 피해자는 제쳐둔 채 자신의 죄가 하나님하고 상대해서 처리될 수 있다고 믿는다. 또 위의 구절에 드러난 가해자에게 무엇보다 중요한 것은 하나님 앞에서 자신이 쫓겨나지나 않을까 하는 자신의 안위이지, 피해자의 슬픔과 그에 대한 속죄의 마음이 아니다. 가증스럽기 이를 데 없고, 비겁하기 한이 없다. 하나님께서 원하시는 제물이 가해자의 찢겨진 심정이라고? 하나님이 찢겨지고 짓밟힌 마음을 멸시하지 않으신다고? 가해자의 '찢겨진 심령'만큼 말하기 쉬운 게 어디 있을까? 아벨의 피가 땅에서 울부짖듯 적군의 손에, 아니 충성을 바친 자신의 왕에게 살해당한 우리야의 피와 남편의 살해자에게 몸과 운명을 맡겨야 하는 밧세바의 눈물이 울부짖는다. "하나님, 가해자의 찢겨진 심령을 살피시기 전에 우리 부부의 피와 눈물을 돌아보소서." 시편 51편은 '죄를 저지른 후에 용서를 구하는 모범적인 기도'라기보다는 자신의 죄를 제대로 깨닫지 못하는 사람이 용서를 헛되게 구하는 잘못된 기도의 전형이다. 그러니 파렴치한 짓을 저지르고 "주님께만, 오직 주님께만 나는 죄를 지었습니다."라며 책임을 회피하려는 못난 신자들, 특별히 못난 목회자들에게 이 시편이 못난이가 못난 생각으로 못나게 용서를 구하는 잘못된 기도의 전형이라고 알려주자. 그러나 돌이켜 따져보면 그런 죄의 시가 다윗의 입에서만 나왔을까? 내 입도 그 다윗의 입이었던 적은 없었을까? "나이가 들어가니/ 허수아비 앞에서조차/ 부끄럽구나."(잇사의 하이쿠)

남은 말

〈밧세바〉는 렘브란트가 헨드리키에 스토펠스, 곧 집안일을 하러 들어왔으나 1649년경부터 렘브란트와 동거를 시작한 젊은 여인을 모델로 그린 그림이다. 렘브란트보다 20년 아래였던 헨드리키에는 당시 대략 23-24세였다. 헨드리키에와 렘브란트 사이가 공공연하게 되자 둘은 모두 칼뱅주의 교회의 교회재판소에 소환되었다. 그곳에서 둘은 정식으로 혼인하지 않고 사는 이유를 말해야 했다. 렘브란트에게 그 이유는 분명했다. 재혼하면 유산이 상속되지 않는다는 사스키아의 유언 때문이었다. 둘 모두 한동안 소환에 따르지 않다가 마침내 1654년 헨드리키에만 교회재판소에 서게 되었다. 훈계와 질책을 받았을 것이다. 그러나 둘은 여보란듯이 이전과 똑같이 지냈다. 사실 홀아비와 처녀가 서로를 기뻐하며 같이 사는 것이 무엇이 잘못되었단 말인가. 그들의 문제는 당국에 '공식'적으로 혼인 '신고'를 하지 않았다는 것이다. 헨드리키에가 소환당해 재판소에 섰던 1654년 둘은 교회재판소가 대변하는 부류에 대해 반격했다. 그해 렘브란트는 헨드리키에를 모델로 〈밧세바〉를 제작했고, 10월 헨드리키에는 렘브란트의 딸 코르넬리아를 출산했다. 〈밧세바〉는 예술적 가치로 인해 찬사를 얻었고, 둘 사이에 태어난 코르넬리아는 사스키아의 묘지가 있는 교회에서 세례를 받으며 삶을 시작하였다. 정식으로 혼인신고를 하지 않았다고 정죄하고 질책하면서도 아이에게는 '세례'를 준 교회의 앞뒤가 일견 안 맞아 보인다. 물론 교회의 질책은 무시하면서도 아이의 '세례'를 요구한 그 '비공식 부부'의 행동도 일관적이지 않다. 그러나 사랑하고 생명을 낳는 일은 교회에 의해 정죄받은 '비공식 부부'에게도 내려진 하나님의 은총임에 분명하다. 교회도 그것을 인정한 것일 게다.

렘브란트 개인사의 맥락에서 〈밧세바〉는 헨드리키에의 당시 처지를 반영하며 그를 옹호하는 작품이다. 곧 밧세바는 헨드리키에이고, 그의 손에 들린 종이는 교회재판소의 소환장과 상응한다.

렘브란트는 번잡하며 속을 긁는 일상에서 영감을 얻어 〈밧세바〉를 제작하였다. 어디 〈밧세바〉만이 누추한 일상에서 태어난, 그러나 시대를 뛰어넘는 통찰을 담아낸 예술일까. 예술가는 비루한 삶을 마냥 자조하거나 조롱하지 않고 아름다움을 이끌어냈다. 비록 우리에게 렘브란트와 같은 예술가적 천재성은 없다 하더라도 일상에 예술적 빛을 내려쬐려는 노력만큼은 배우고 싶다. "뒷골목에는/ 개 뒷간 위로도/ 첫눈 내리고."(잇사의 하이쿠)

6

허무의 계시-바니타스

:: 배경이 되는 말씀

전도서 1장, 누가복음서 12:13-21

바니타스 바니타툼 옴니아 바니타스

자끄 엘룰(Jacques Ellul, 1912-1994)은 길고 깊으며 근본적이고 매력적인 그의 연구 여정을 전도서에 대한 해설로 갈무리하길 원했다. 『존재의 이유』.(*La raison d'être: Méditation sur l'Ecclésiaste*) 존재의 이유를 모른다고 선뜻 죽음을 택할 사람이 있겠느냐만 그 이유도 모른 채 쾌히 삶을 누릴 수도 없다. 위대한 지혜문서에 침잠한 그는 이렇게 결론을 내린다. "모든 지혜는 덧없음을 인식하는 것으로 요약된다."

덧없음은 'vanité'의 번역인데, 이는 전도서 1:2에 연거푸 다섯 번 나오는 히브리어 '헤벨'(hebel)을 프랑스어로 옮긴 말이다. '헤벨'은 기본적으로 연무나 아지랑이와 같이 증발하는 기체나 숨 혹은 호흡을 뜻한다. 그건 있다고 해야 하지만, '있다'라고 말하는 순간 '있었다'라고 정정해야 하는 그런 것들이다. 그러니 헤벨은 제행무상(諸行無常) 혹은 제법무아(諸法無我)와 같은 존재의 덧없음을 의미하게 되었다. 히브리어로 낭송되는 전도서를 듣고 있으면 반야심경 독경 소리와 분간이 안 될 때가 있다. 그런데 정말 반야심경의 가르침대로 모든 실체의 속이 텅 빈 것을 보아 깨닫게 되면 일체의 고통은 없어지는 걸까?(照見五蘊皆空 度一切苦厄)

히브리어 성서를 헬라어로 옮긴 『칠십인역』은 '헤벨'을 '마타이오테스'(mataiotēs)로 읽는다. 그 단어는 목적 없는 부유(浮游), 의미 없는 소리, 기만적이어서 쓸모없는 생각, 초점 없는 무력함 등을 가리킨다. 사도 바울은 소망이 남아 있다고 선언하면서도 전도서의 저자처럼 피조물이 '마타이오테스'에게 굴복했음(롬 8:20)을 부정하지 않는다. 성서의 라틴어 역본 중 최고의 권위를 갖는 『불가타(Vulgata)역』은 마타이오테스의 대응어로 '바니타스'(vanitas)를 선택했다. 그래서 전도서 1:2의 일부를 이렇게 읽는다. "Vanitas vanitatum omnia vanitas."

예술가들이 만물의 본질을 계시하는 '바니타스'를 가만히 놔두었을 리 없다. 16-17세기 렘브란트가 살던 네덜란드와 플랑드르 화가들은 '바니타스'로 구분되는 특정한 형태의 정물화 혹은 인물화를 그렸다. 죽음의 확실성을 상징하는 해골, 부패를 뜻하는 썩은 과일, 삶의 순간성과 죽음의 갑작스러움을 나타내는 거품, 비눗방울, 연기, 모래시계, 악기, 촛불 등이 그림의 한 곳에 등장한다. 어떤 작품에서는 그림의 주요 대상과 아무런 연관성 없이 바니타스의 품목들이 나타나기도 하고, 아예 위에서 언급한 물체들이 노골적으로 한꺼번에 나오는 작품도 있다.

'바니타스' 가운데 데이비드 베일리(David Bailly, 1584-1657)의 1651년 작 〈바니타스 상징과 함께 그린 자화상〉(그림 1)을 보자. 베일리는 친절하게 그림 오른쪽 아래에 '바니타스'를 적은 종이를 그리고서, 철저히 '바니타스'로 그림을 읽을 것을 주문한다. 자화상이라 했으니 그림 왼편을 차지하는 젊은 청년이 베일리이기는 하나 그 그림을 그릴 당시의 베일리는 아니다. 이미 60대 후반에 접어든 늙은 베일리는 청년 베일리가 왼손으로 세우고 있는 또 다른 그림 속 인물이다. 늙은 베일리 옆에 있는 젊은 여인은 뒤편 벽 속에서 나이 든 여인으로 다시 그려진다. 젊은 베일리의 머리 위 벽에 걸린 베일리는 악기를 들고 다른 곳을 바라보지만, 그 베일리를 쳐다보는 수염을 길게 그린 한 노인(또 다른 늙은 베일리?)의 그림이 화면 가운데에 있다.

젊음은 그렇게 늙음과 구분이 없다. 비눗방울이 공중에 떠다니며 금방이라도 터질 듯한데, 젊음의 활력도 그러한 것이다. 한때 빛을 내던 촛불이 지금 연기를 내며 꺼져 있듯이 말이다. 책상에 놓인 꽃은 비교적 싱싱하나 오른편 꽃은 이제 시들었다. 화려함은 순간이라는 뜻이다. 커다란 잔에는 술이 아직 남아 있지만 고대에 조각된 흉상과 전신상은 흥을 주는 술을 마시지 못한다. 해골도 마찬가지. 다른 병(술병 혹은 향수병?)은 엎어져 금방이라도 액체를 쏟아낼 것 같다. 쾌락을 주는 술병은 인간이 그토록 찾아 헤매는 돈과 보석 목걸이와 함께 있다. 피리와 같은 악기가 있으나 그림 속 과거의 악기 연주자가 새롭게 그 피리를 들어 연주할지는 의문이다. 이 그림은 말한다. "역사를 견딘 고대의 석상, 싱싱한 젊음, 신들의 음료인 술, 무엇이든 살 수 있는 돈, 반짝이는 보석, 향내 나는 꽃이 함께 모여 있는데, 어쩌면 이렇게 덧없는 것일까?"

그림 1
데이비드 베일리
〈바니타스 상징과 함께
그린 자화상〉, 1651
목판에 유화, 89.5×122cm
레이덴, 슈테델 미술관

아, 바니타스 바니타툼 옴니아 바니타스!(헛되고 헛되니 모든 것이 헛되도다!)

렘브란트는 전통의 무게에 얽매이는 예술가가 아니었고, 따라서 그에게서 바니타스의 흔적을 찾는 평론가들도 별로 없는 것 같다. 그러나 렘브란트는 17세기 네덜란드에 예술가로 살면서 '바니타스'의 정서를 접하지 않을 수 없었을 것이다. 더군다나 당시 네덜란드에서 바니타스와 같은 특정한 그림 유형이 독특하게 발전하게 된 데에는 사회적·경제적 배경이 있었고, 렘브란트의 삶과 예술의 조건 역시 그로부터 형성되었다.

예술을 물질적 하부구조에서 발생하는 상부구조의 일부로 규정하고, 하부구조에 대한 설명으로 상부구조의 발생과 전개, 그리고 결말을 해설하려는 마르크스주의(Marxism)의 전망을 기계적으로 따를 생각은 없다. "사람은 먹는 대로 된다."는 포이에르바흐(L. Feuerbach)의 유물론적 통찰에 경도될 이유도 없다. 그러나 그러한 전망을 아예 고려하지 않는 것도 공정하지 않다. 여하튼 우리는 '빵만으로' 살 수도 없지만 '하나님의 입에서 나오는 모든 말씀'만으로도 살 수 없는 존재 아닌가.

바니타스의 태반, 자본주의의 빛과 그림자

1566년 강력한 독립운동 덕분에 네덜란드는 부분적인 독립을 이루었다. 그러나 이후로도 통치권을 주장하는 스페인과의 전쟁은 계속되었고 1609년에 가서야 휴전 협정이 성립되었다. 네덜란드의 독립은 사회, 경제사적 측면에서 단지 한 국가의 독립 이상을 의미한다. 네덜란드 혁명은 부상하는 부르주아들이 성공한 최초의 혁명이었다. 독립 네덜란드를 특징짓는 요소는 당시 유럽 최고를 달리던 어업과 농업, 그리고 조선업, 금융업 등이 주도하던 자본주의였다. 도시화도 곳곳에서 이루어졌다. 도시화는 개인의 자유와 사회적 관용을 가져왔다. 칼뱅주의자들이 네덜란드 사회 형성에 기여하였고 그들이 사회 주도층이었지만 유럽의 다른 곳과는 달리 로마가톨릭 신자들이나 급진적인 재세례파에 대한 핍박과 박해도 심하지 않았다. 그들은 같은 종교 내 분파로 인한 갈등은 돈을 벌어다주지 않는다는 것을 알았다. 네덜란드인들은 눈을 해외로 돌렸다. 동인도회사를 설립하고 식민지를 경영했다.

냉철한 역사가들은 봉건 세계로부터 부르주아들이 쟁취한 역사의 밝은 면만을 기록하지 않는다. 마르크스의 문장이 기억난다. "돈이 볼 한 쪽에 피를 묻히고 이 땅에 나타난다면, 자본은 머리에서 발끝까지 모든 털구멍마다 피와 오물을 질질 흘리면서 나타난다." 관용은 비단 종교뿐 아니라 문화 및 과학의 영역으로 확대되었지만, 자본주의적 정신에 결격한 자들에 대한 광포함은 날로 더해갔다. 억압과 배제, 감시와 처벌이 완화되었다기보다는 그 형태를 달리하여 진행된 것이다.

자본주의와 칼뱅주의의 직업소명설이 결합되면서 구걸은 단순히 사회적 해악이 아니라 종교적 죄악으로 규정되었다. 거지들은 자본주의자이자 근면한 노동 윤리를 강조하는 개신교인들에 의해 사회, 종교적 죄인으로 취급받았다. 공권력과 일부 시민들은 거지들을 때리고, 낙인을 찍고, 신체를 절단하거나 심지어 물에 빠뜨려 죽였다. 공개적으로 수치를 주고, 갤리(galley)선에 태워 강제 노동을 시켰다. 그들 중 일부는 자신들의 게으름 때문에 구걸하는 신세로 전락했을 것이다. 그러나 네덜란드 사회의 자본주의라는 착취적 구조가 빚어낸 피해자들도 있었다. 새로운 경제체제에 적응하지 못해 빚에 몰려 토지를 빼앗기고 고향을 떠나 정처 없이 떠돌게 된 이들도 적지 않았다. 전쟁에서 상처를 얻었지만 마땅히 몸을 기댈 곳 없는 퇴역군인들도 거리를 배회했다. 그들보다는 덜하지만 농촌을 떠나 저임금에 시달리며 새벽부터 밤까지 일해야 하는 도시 빈민들도 속출했다. 각 도시는 구제기관을 갖추고 사회적 약자들에 대한 보호를 선전했지만, 체제의 모순 자체를 극복하려고 하지는 않았다. 그 시대 네덜란드 자본주의체제는 호황과 침체를 거듭하며 사람들을 자신에게 길들였다. 당시 튤립 구근과 관련된 사건은 네덜란드 자본주의의 모습을 여실히 반영하는 스캔들이었다.(그림 2 참조)

튤립은 약 16세기경 중앙아시아, 특히 터키에서 네덜란드로 수입되어 귀족 계급의 사치품으로 각광받았다. 이 꽃은 네덜란드에서 재배가 가능했기 때문에 부르주아, 그리고 일부 하층 계급 사람들이 투자 대상으로 이 사치품에 관심을 갖게 되었고, 렘브란트가 서른 살 무렵인 1636-1637년 최고 품질의 튤립 구근은 투기의 대상이 되었다. 튤립 구근 값은 천정부지로 솟아올랐다. 1636년부터 다음해 1월까지, '미쳤다' 라고 표현되는 우리나라의 아파트나 땅 투기는 그 폭등의 광란에 비교할 수 없을 정도로 마르크스가 갈파한바 자본주의의 물신화(fetishism)가 일어난 것이다. 네덜란드 사회에서 튤립은 아름다움으로 사람들에게 기쁨을 주는 꽃이 아니라 사회 경제적으로 최적의 이미지를 갖춘 투기 상품으로서 투자자의 욕망을 자극했다. 그러나 투기 시장은 1637년 2월 완전히 붕괴되었다. 교환가치와 사용가치의 엄청난 차이는 지속되지 못한다. 말이나 소와 바꾼 튤립 구근을 손에 들고 무엇을 할 수 있었겠는

그림 2 줄무늬 패턴이 있는 이 튤립은 이른바 '렘브란트 튤립'으로 불린다.

그림 3 렘브란트, 〈문 앞에서 구걸하는 부랑자 가족〉, 1648, 에칭과 드라이포인트, 16.6×12.9cm
그림 4 렘브란트, 〈강둑에 앉은 거지로 분한 자화상〉, 1630, 에칭, 116×70cm

가? 튤립 난민들이 발생할 뿐. 튤립 사건을 자본주의 네덜란드 체제의 우연적 일탈로 간주해서는 안 된다. 그것은 자본주의의 어두운 숙명이다.

'그림 3'은 렘브란트가 방랑하며 구걸하는 한 가족을 그린 에칭화이다. 가장으로 보이는 남자는 시각장애인인 듯하다. 태어난 지 얼마 안 된 아이는 엄마의 등에 업혀 있고, 큰아들은 물통 하나를 허리춤에 맨 채 자기 머리보다 큰 모자를 썼다. 그 세 사람, 곧 남편과 큰아들, 그리고 아이는 여인에게 '업혀' 있는 것으로 보인다. 그렇다면 생계를 상징하는 바구니를 왼팔에 끼고 있는 여인은 무엇에 의지해 있을까? 여인은 밑창에 대강 끈을 동인 신발을 신고는 왼손에 굵지 않은 지팡이를 짚고 있다. 가난의 땅을 밟고 가야 하는 발에는 헐거운 신발이고, 세 식구를 부양하는 여윈 몸을 지탱하기에는 부실한 지팡이다. 여인은 오른손을 내밀어 '오늘 일용할 빵'을 구걸한다. 한 노인의 불쌍히 여기는 마음과 거기로부터 나오는 주화 한 닢이 그 가족의 생존 조건이다.

렘브란트의 이 그림은 당시 거지 혹은 부랑 가족에 대한 종교 사회적 정죄 및 편견과 거리가 있다. 이 에칭화는 일종의 리얼리즘의 맥락에서도 파악될 수 있는데, 당시 사회를 되도록 담담하게 묘사하지만 어떤 이데올로기의 강제 없이도 감상자는 모종의 '이념'을 갖게 된다.

나아가 렘브란트는 거지로 분한 자화상을 그리기도 하였는데, 거기서 거지는 화를 내며 항의한다.(그림 4) 무엇에 분노하며, 무엇을 향해 소리를 지르는 것일까? 자화상 속의 젊은 렘브란트는 거지를 불쌍히 여기기보다는 거지와 같은 이들에게 일종의 연대감을 느끼는 것으로 보인다. 그는 분명 유산 계급을 주 고객으로 삼았고, 또 예술가적 사치를 거절하지 않았다. 그러나 이 작품을 통해 보면 예술가의 영혼은 자본주의에 완전히 저당잡히지는 않은 듯하다.

식민지 경영과 자본주의의 발전으로 일부 계층은 풍요를 누렸다. 그러나 묘하게도 '바니타스'는 16~17세기 네덜란드와 플랑드르에서 만개했다. 부르주아지들의 퇴폐적 감상이 그러한 현상을 불러왔을까? 그것은 기름진 식사와 최고급 술을 진탕 먹고 난 다음 날 속쓰림에서 오는 '성찰'일까? 부와 명예를 쌓아놓고 무엇인가 더 채워야 할 것 같은 허기가 그런 그림의 수요를 만들었을까? 아니면 자본주의 이전, 고대 로마 제국 내에 있었던 부에 대한 유산자들의 경멸 전통이 교양 있게 되살아난 것일까? 베버(M. Weber)의 고전적 주장처럼 자본을 축적하기 위한 금욕주의의 변이적 형태일까? 넘쳐 오르는 부를 과시하기 위해 가치 있는 물건들을 모아놓고 거기에 불을 질렀던, 그런 퇴폐적 혹은 과시적 욕망의 분출일까? 혹시 하나님 밖에서는 결코 안식할 수 없는 인간 영혼의 목소리일까?

〈어리석은 부자〉와 바니타스

전업 화가로 활동을 시작한 지 얼마 안 된 21살 청년 렘브란트는 '바니타스'의 흔적이 묻어나는 〈어리석은 부자〉를 그렸다.(그림 5) 누가복음서에만 나오는 "어리석은 부자의 비유"는 예수가 무리 가운데 한 사람에게 받은 질문으로 촉발되었다.(눅 12:13-21) 그는 예수에게 이렇게 요구한다. "선생님, 제 형제에게 저와 함께 유산을 나누라고 말해주십시오."(눅 12:13) 유산을 둘러싼 분쟁은 예나 지금이나, 거기나 여기나 심심치 않게 일어난다. 당시에는 통상적으로 장남이 다른 형제들보다 갑절의 유산을 상속받도록 되어 있었다. 그러나 동산 및 부동산으로 된 재산을 정확한 비율로 환산하는 것은 쉽지 않거니와 종종 장남이 다른 형제들에게 재산을 나누어주지 않는 일도 생겼다. 이렇게 법적 분쟁이 생기면 사람들은 랍비를 찾아가 도움을 구했는데, 그가 예수에게 재산 분배의 문제로 질문한 것은 예수를 랍비로 생각했음을 보여준다. 그러나 예수는 그에게 단호하게 답변한다. "이 사람아, 누가 나를 그대들의 재판관이나 재산 분배인으로 임명했소?"(눅 12:14)

하나님 나라와 그 나라의 생명을 선포하고 가르치는 선생에게 용감히 나아오는 것까지는 좋았으나 그의 요청은 부적절하다. 예수는 그에게 면박주는 것으로 대화를 마무리하지 않았다. 예수는 그 기회를 잡아 생명과 하나님에 대해 가르치고자 했다. "그대들은 살펴 모든 탐욕을 경계하시오. 사람이 넉넉히 가졌다 해도 사람의 생명이 그 재물로부터 나오지는 않소."(눅

12:15) 예수는 자신의 말의 의미를 깨우치기 위해 한 비유를 든다. 그 비유의 줄거리는 이러하다. 이미 부자인 한 사람이 있었는데, 그는 밭에서 많은 소출을 거두었다. 기왕에 있던 곳간은 이미 찼고, 수확물을 쌓아둘 곳이 없었기에 그는 혼자 궁리하기 시작했다. 그러다 속으로 결론을 내린다. "이게 내가 할 일이다. 내 곳간을 헐고 더 크게 짓고는 거기에다가 내 곡식과 좋은 물건들을 쌓아두어야 하겠다."(눅 12:18)

청중들은 비유를 듣는 동안 예수가 묘사하는 그 부자에 관해 상상할 것이다. 주위에서 그런 인물을 찾기란 어렵지 않았다. 1세기 팔레스타인의 땅은 소수가 차지했다. 그들은 대부분 세련되고 문화적인 도시에 살면서 농촌지역에 대규모의 땅을 소유한 이른바 '부재지주'였다. 곡물을 생산할 수 있는 땅은 당시 결정적인 생산수단이었기에 땅이 없는 이들은 극심한 가난을 견뎌야 했다. 그들 중 일부는 빚을 지고, 결국 빚을 갚을 수 없어 자신을 종으로 팔아야 했다. 반면 부재지주들은 노동자에게 하루에 한 데나리온을 지불하면 되는 저임금 구조, 높은 이자로 돈이나 곡식을 빌려주는 대부업, 빚을 진 이들의 땅을 차지하는 방법 등으로 부를 늘려갔다. 고고학자들은 갈릴리 등지에서 그러한 부재지주들의 대형 곳간을 발견하였다. 갈릴리 농부들이 부재지주들을 향해 질시와 원망, 분노의 눈길을 보냈으리라는 것은 어렵지 않게 추측할 수 있다. 예수의 이른바 '악한 소작인의 비유'(눅 20:9-19, 마 21:33-46, 막 12:1-12)는 그러한 농부들의 정서를 엿보도록 돕는다.

큰 소출이 있고, 소출을 담을 공간이 없으면 당연히 곳간을 크게 지어야 한다는 생각은 오늘날 자본주의적인 축적의 사고이다. 그러니 비유 속 부자가 큰 소출을 쌓아둘 곳이 없다며 곳간을 더 크게 짓겠다고, 그리고 그곳에다가 곡식과 좋은 것들을 쌓아두겠다고 마치 결심이라도 한 듯 '이게 내가 할 일이다.'라고 한 말은 현대인들에게 조금 의아하게도 들린다. 그러나 '축적'에 대한 고대 팔레스타인 사회의 통념을 감안하면 부자가 '쌓아두겠다'고 마음먹은 것은 '결심'에 속한다. 당시는 부족한 재화가 한정되어 있다고 믿었고, 따라서 누군가가 필요 이상으로 재산을 모은다면 이는 다른 이들의 몫을 착취하는 것이었다. 이미 부자인 사람은 더 이상의 부를 쌓아두기보다는 부를 자선 혹은 기부의 형태로 나눠야 한다. 그러나 비유 속 부자는 그렇게 하지 않았다. 그는 주변의 평판이나 율법의 나눔에 대한 권면보다 부가 자신의 삶과 생명을 보다 더 안전하게 지켜준다고 믿었다. 그 믿음에 따라 그는 곳간을 더 크게 짓겠다고 결심한다. 그리고 이렇게 말한다. "나는 내 영혼에게 말할 테다. 영혼아, 너는 여러 해 동안 쓸 많은 좋은 것들을 가지고 있다. 편히 쉬자, 먹자, 마시자, 즐거움을 누리자."(눅 12:19) 부자는 자신의 영혼을 향해 안락과 쾌락을 약속하지만 하나님의 계획은 그의 것과 달랐다. 비유의 하나님은 이렇게 말한다. "어리석은 놈, 바로 이 밤 너의 영혼을 너로부터 거두어 갈 것이다. 그러면 네가 준비한 것은 누구의 것이 될까?" 이런 종류의 '어리석음'은 구약성서에서 이미 여러 차례 고발된 적이 있다. 시편 기자는 그 어리석음과 그에 반대되는 지혜로움을 시로 썼다.

> 주님께서 나에게 한 뼘 길이밖에 안 되는 날을 주셨으니, 내 일생이 주님 앞에서는 없는 것이나 같습니다. 진실로 모든 것은 헛되고, 인생의 전성기조차도 한낱 입김에 지나지 않습니다. 걸어다닌다고는 하지만, 그 한평생이 실로 한오라기 그림자일 뿐, 재산을 늘리는 일조차도 다 허사입

니다. 장차 그것을 거두어들일 사람이 누구일지는 아무도 모르는 일입니다.(시 39:5-6, 『새번역』)

예수는 "자신을 위해서는 재물을 쌓아두지만 하나님을 향해서는 부유하지 못한 사람은 그 사람과 같다."라고 결론짓고 비유를 마친다. 일반적으로 '하나님을 향한 부유함'은 자선으로 해석된다.(눅 12:32-34 참조) 누가는 '하나님을 향한 부유함'과 이웃을 향한 자선을 동의어로 읽는 유대교적 전통 속에 예수의 비유를 둔다.

'그림 5'는 상상력 있게 그 비유를 재구성한다. 성서에는 부자가 곳간을 더 크게 짓겠다고 결심한 시간을 명기하지 않는다. 그러나 렘브란트는 비유 속 사건이 '밤'에 일어난 것으로 설정한다. '바로 이 밤'이 심판의 때이다. 부자는 자기 앞에 저울을 가져다놓고 오늘 벌어들인 돈 혹은 보물의 무게를 달아보겠지만, 하나님도 공의의 저울을 그 밤에 사용하실 것이다. 부자가 하나님 앞에 얼마나 부유한 삶을 살았는지를 판가름하기 위해 하나님은 부자의 영혼을 저울질하실 것이다. 책상에 여기저기 벌여놓은 장부들은 그가 밤늦게까지 재물을 모으는 일에 몰두함을 보여준다. 겹겹이 쌓인 장부에는 그가 이러저러한 방법으로 축적한 재산의 목록이 빽빽이 적혀 있을 것이다. 고대 유대인들의 경제적 정서를 가지고 말하면, 그 장부는 다른 이들의 피와 눈물, 땀과 울분의 책일 것이다. 마지막 밤에 부자는 그것들을 차례차례 훑어보면서 영혼의 기쁨을 느꼈을지 모른다.

부자는 어둠을 밝히는 초, 다른 '바니타스'의 그것처럼 짧은 삶을 상징하는 초를 켜두었다. 회개의 시간은 촛불이 켜져 있는 동안만이다. 초의 불

그림 5 렘브란트, 〈어리석은 부자〉, 1627
목판에 유화, 32×42.5cm, 베를린 국립미술관

은 아직 꺼지지 않았으나 부자는 생명 혹은 삶을 상징하는 촛불을 오로지 돈을 확인하는 데에만 사용한다. 렘브란트는 예수 시대에는 없었을 안경을 부자의 눈에 씌워 비유를 왜곡하지만 부자의 재물에 대한 집착을 보여주기에는 그만이다. 부자는 탐욕에 몰려 안경을 쓰고, 초를 밝혀 어두운 눈을 비벼 뜬다. 덧없는 삶을 나타내는 촛불은 돈을 들고 있는 오른손에 가려져 돈과 부자의 얼굴만을 비출 뿐이다. 하나님을 향한 부요함, 곧 자선을 위해서 촛불이 사용될 여지는 없어 보인다. 대신 촛불이 비추고 있는 부자의 얼굴을 렘브란트는 매우 상세히 그린다. 안경테와 부자의 얼굴, 특별히 코, 그리고 장식

술이 달린 빛난 옷은 매우 정밀하게 그려졌다. 이는 부자가 탐욕에 몰입해 있음을 강조하기 위함이다.

젊은 렘브란트는 허무주의자가 아니었다. 그러나 예술의 눈은 세상의 근본적인 덧없음과 인간의 유한성을 포착하게 마련이다. 자본주의적 탐욕과 냉혹성이 가져오는 폭력적 현실에 바니타스와 갑작스럽게 다가오는 죽음을 그린 〈어리석은 부자〉는 일종의 저항으로 읽힌다. 렘브란트는 예술가였기에 저항가이기도 하였다. 이제 렘브란트 및 그의 동시대인들, 그리고 현대를 사는 우리 모두 이 그림의 부자를 보며 시편의 한 구절을 읊조려야 한다.

> 아무리 대단한 부자라 하여도 사람은 자기의 생명을 속량하지 못하는 법, 하나님께 속전을 지불하고 생명을 속량할 사람은 아무도 없다. 생명을 속량하는 값은 값으로 매길 수 없이 비싼 것이어서, 아무리 벌어도 마련할 수 없다. 죽음을 피하고 영원히 살 생각도 하지 말아라. 누구나 볼 수 있다. 지혜 있는 사람도 죽고, 어리석은 자나 우둔한 자도 모두 다 죽는 것을! 평생 모은 재산마저 남에게 모두 주고 떠나가지 않는가! 사람들이 땅을 차지하여 제 이름으로 등기를 해 두었어도 그들의 영원한 집, 그들이 영원히 머물 곳은 오직 무덤뿐이다. 사람이 제아무리 영화를 누린다 해도 죽음을 피할 수는 없으니, 미련한 짐승과 같다. 이것이 자신을 믿는 어리석은 자들과 그들의 말을 기뻐하며 따르는 자들의 운명이다.(시 49:7-13, 『새번역』)

7

죽음을 그리다

:: 배경이 되는 말씀

누가복음서 2:25-36

서양회화 전통에서 세 신은 종종 눈을 가리고 나타난다. 운명의 신, 사랑의 신, 죽음의 신. 눈을 가린다 함은 맹목(盲目)을 의미한다. 다시 말해 운명, 사랑, 죽음은 대상을 가리지 않는다. 아니, 가리지 못한다. 눈에 무엇인가가 씌웠으니 막무가내다. 운명을 향한 인간 의지의 투쟁을 그리는 그리스의 문학은 '비극'으로 불린다. 왜? 인간이 항상 지기 때문이다. 인간은 처음부터 이길 수 없는 게임에 최선을 다한다. 간간이 보이는 작은 희망은 미련한 인간에게 운명에 도전할 헛된 용기를 불어넣는다. 그러나 최종 승리는 언제나 싸늘히 미소를 짓는 운명의 신이 차지한다.

사랑의 비극 역시 맹목에서 온다. 전에는 선명히 보이던 경계를 사랑은 간단히 지워버린다. 사랑의 신은 자신에게 빠진 이들에게 지옥으로 이끄는 달콤한 과자를 준다. 달콤함을 떨치지 못하면 어느덧 비극적 사랑에 빠진 이들이 서게 되는 곳은 지옥이 된다. 때때로 돌아가려 길거리에 뿌려놓은 빵부스러기들은 새들이 다 쪼아먹어버리고 난 뒤다.

그리스 시인이었던 헤시오도스(Hesiodos)에 따르면 밤(Nyx)과 어둠(Erebos)의 아들이자 잠(Hypnos)과 쌍둥이 형제인 죽음의 신(Thanatos) 역시 눈을 가린 채 인간의 목숨을 무작위로 앗아간다.

죽음과 소녀 - 죽음, 전체 삶을 장악하다

우리의 통념 속에 죽음은 늙음과 연결되지만, 젊음 또한 탐닉한다. 알브레흐트 뒤러(Albrecht Dürer)의 뛰어난 제자이자 독일 르네상스 예술의 한 절정에 도달한 화가 한스 발둥(Hans Baldung, 1480-1545)은 죽음과 여인/소녀를 주제로 일련의 작품을 제작했다. 소개하기에는 지극히 노골적인 그림은 제쳐두고, 비교적 교훈적인 '그림 1'을 보자. 구구한 해석이 존재하지만 화면 왼편의 세 사람은 한 여인의 세 시기, 곧 어린 소녀, 젊은 여인, 노파의 시기를 나타낸다고 할 수 있다. 그림 오른편의 '죽음'이 그들과 마주한다. 언뜻 보기에 화면은 양분되어 있지만, 죽음은 그 경계를 지키지 않는다. 먼저 투명한 베일이 어린아이와 젊은 여인, 그리고 죽음 사이를 가로지른다. 투명한 베일,

그림 1 한스 발둥, 〈여인의 세 시기와 죽음〉, 1510 유화, 48×32.5cm, 비엔나 미술사 박물관

그림 2 렘브란트, 〈죽은 두 마리 공작과 소녀〉 1639, 유화, 145×135.5cm, 암스테르담 레이크스 미술관

그건 가리지 못하는 가리개이다. 드러내는 감춤 혹은 감추는 드러냄이다. 아이는 베일로 몸의 상반부를 전부 가리지만 죽음을 목도하지 않을 수 없다. 젊은 여인은 국부를 가리지만 자신의 몸을 보여주지 않을 수 없고 관람객은 그것을 보지 않을 수 없다. 죽음은 그 베일마저 손에 넣고 있다. 이미 충분히 투명하지만, 죽음은 때가 되면 가리지 못하는 가리개마저 순식간에 빼앗을 것이다. 젊은 여인의 머리 위로 길게 뻗은 죽음의 오른손에는 모래시계가 들려 있다. 죽음이 젊은 여인을 집어삼킬 시간이 다가온다. 그러나 젊은 여인은 자신을 다듬느라, 자신의 얼굴을 거울에 비추느라 죽음을 의식하지 못한다.

한 손으로 거울을 쥐고, 다른 한 손으로는 귀를 덮은 머리를 쓸어올리는 중이다. 아름다운 제 자신이 기특했을 것이다. 죽음에 맞서는 이는 늙은 여인뿐이다. 늙은 여인은 모래시계를 든 죽음의 손을 제지하려고 한다. 그러나 그 손을 완벽히 거두지는 못할 것이다. 흥미로운 점은 늙은 여인의 다른 한 손이 젊은 여인이 보고 있는 거울을 받쳐준다는 것이다. 젊은 여인을 일깨워 죽음이 다가옴을 알려주기보다는 젊음의 아름다움을 즐기라는 듯 말이다. 한스 발둥은 이 그림을 통해 삶 전체를 지배하는 죽음을 그려냈다.

종종 충격을 주기 위한 방식은 시간이 흐르면서 점차 순화되고, 그 주제는 다소 고상한 형태로 다시 표현된다. 르네상스 시기의 죽음에 대한 노골적이고 직접적인 묘사는 렘브란트 시대에 와서 순화되었다.

렘브란트 역시 죽음과 소녀를 주제로 작품을 남겼다.(그림 2) 그것은 두 마리 공작과 그것들을 바라보는 한 소녀를 그린 그림이다. 한 소녀가 창문 너머로 죽은 두 마리의 공작을 보고 있다. '공작'은 통상적으로 오만함과 화려함 혹은 사치를 의미한다. 공작 중 한 마리는 사냥한 지 얼마 안 되어 여전히 피를 흘리고 있다. 선반에 놓인 공작의 머리는 아마도 렘브란트가 가장 섬세히 그린 부분일 것이다. 머리가 화면 밖으로 떨어질 듯 불안감이 잘 표현되었다. 통상적으로 공작의 시체는 고기를 연하게 하고 피를 완전히 빼기 위해 하루 이틀 정도 음식 저장고에 보관하는데, 렘브란트는 그 장면을 그린 것이다.

렘브란트 당시 부엌이나 음식 저장고와 관련된 대부분의 그림은 여성의 일상적 아름다움을 표현하기 위해서였다. 그런데 렘브란트의 이 그림은 한 소녀와 죽은 두 마리 공작을 그린, 그의 그림 생애나 당시 통상적인 그림들과 다른 특이한 작품으로 간주된다. 나는 이 그림을 한스 발둥 등이 전개한 죽음과 소녀를 연결한 회화 전통 속에서 바라볼 수 있다고 생각한다. 소녀는 앞으로 공작과 같이 화려함과 오만함의 시기를 보낼 가능성이 높지만, 동시에 죽음에서 벗어나지도 못할 것이다. 죽음은 어린 소녀에게도 친숙해야 할, 아니 어린 소녀도 숙고해야 할 주제이다.

렘브란트 개인사를 들춰보면 이 시기 렘브란트가 '죽음'을 주제로 작품을 남긴 이유가 또렷해진다. 그는 '죽음'에 관해 생각할 시기를 맞았다. 렘브란트와 사스키아 사이에 태어난 아이들의 운명은 다음과 같았다. 1635년 12월 룸바르투스 탄생, 2주 만에 죽음. 1638년 7월 코르넬리아 수세, 3주 후 사망. 1640년 7월 코르넬리아 탄생, 2주 후 사망. 그 외에도 렘브란트는 1640년 어머니 코르넬리아와 렘브란트의 부인 사스키아의 가장 아끼는 누이 티티아를 먼저 보냈다. 기실 탄생도 새삼스러운 일이 아니며 죽음 역시 신기한 일이 못된다. 당시의 영아사망률은 현대에 비해 매우 높았다. 그러나 이 '일상적' 사건에서 '존재'를 묻지 않을 예술가는 없다. 렘브란트는 죽은 핏덩이들을 품에 안고 생과 사를 물었을 것이다. 렘브란트는 얼마 전 죽은 자신의 딸을 생각하며 소녀를 그렸을까? 여하튼 죽음에 대한 그의 예술적 숙고는 이후 작품들에서 계속된다. 〈도살된 소〉가 〈죽은 두 마리 공작과 소녀〉의 뒤를 잇는다.

〈도살된 소〉 - 죽음 앞에 선 삶의 무의미성

예술가는 종종 예술을 부정함으로써 종교적이 된다. 김소월이 스승 김억에게 보낸 편지를 기억한다. "생(生)은 기야(寄也)요 사(死)는 귀야(歸也)라

그림 3 렘브란트, 〈도살된 소〉, 1640/1643
유화, 73.3×51.8cm, 글래스고 미술관 겸 박물관

고도 하였고, 사람은 희망이요, 예술은 영원이라 한 것도 역시 할 수 없어서 나중에 한 말이지요. 그것도 죄다 참말 쓸데없는 말이지요. 사람은 결국 없어지고 마는 것이니까요. 이 말에는 반대할 사람이 없을 것입니다."

렘브란트의 정물화인 〈도살된 소〉(그림 3)의 대상은 아름다운 신체를 자랑하는 소가 아니라 고깃덩어리이다. 그것은 입을 즐겁게 할 망정 보는 이들을 만족케 하지 못한다. 이 작품은 위대한 역사적 사건을 다룬 역사화도 아니며, 신앙적 교훈을 주려는 종교화도 아니다. 그러나 "도살된 소를 놓고 제작한 정물화는 종교화와 다름"없다는 보나푸(Pascal Bonafoux)의 평에 솔깃하지 않을 수 없다.

렘브란트의 동시대인들에게 이 작품이 호소력 있었는지는 확실치 않다. 아마 그렇지 못했을 가능성이 높다. 그러나 이 작품은 후대 예술가들에 의해 평가받기 시작했다. 들라크루아(Delacroix, 1798-1863), 도미에(Daumier, 1808-1879), 수틴(Soutine, 1894-1943)은 이 그림을 모사하거나 푸줏간을 주제로 연작을 제작했다. 왜 그랬을까? 렘브란트가 이룬 3차원의 조형감의 뛰어난 완성도 때문일까? 색채의 처리? 거친 듯 섬세한 그림 기법? 물론 그러한 회화적 요소들이 없었다면 후배 예술가들이 이 작품을 거들떠볼 리 없다. 그러나 그보다 모든 회화적 요소들이 어울려 빚어내는 작품 전체, 그리고 완성된 작품의 메시지에 매혹되지 않았을까?

도살된 소를 보라. 한때 이 놈의 영광이었던 '뿔'은 바닥에 나뒹군다. 누가 감히 살아서 씩씩대며 들이미는 이 소 앞에, 이 뿔 앞에 서 있었으리요. 그러나 이제는 한갓 아낙도 '고깃덩어리'를 두려워할 이유가 없다. '뿔'은 벽걸이용 장식에나 쓰일 뿐, 이 놈의 자랑은 놀이개가 되었다. 집채를 움직였을 법한 뒷다리는 수치스럽게 벌려져 나무에 달리고, 적을 위협하던 발굽은 잘려져 뭉뚝하고 우스꽝스럽게 되었다.

질 들뢰즈(Geilles Deleuze, 1925-1995)는 영광과 뽐냄, 찬사와 환대가 모두 사라지고 고깃덩어리가 되어 걸려 있는 수소에게서 십자가에 걸린 예수를 떠올린다. 신성모독이라고 분개하기 전에 우리가 그토록 쫓아다니던 온갖 가치가 죽음 앞에 무화된다는 각성이 먼저 찾아와야 한다. 놀라운 가르침과 기적, 당당한 하나님 나라 선포자 예수도 십자가 위에서 영광을 잃고 고깃덩어리가 된다는 것은 인간의 숙명을 적나라하게 보여준다. 그렇다면 〈도살된 소〉가 걸릴 적절한 장소는 정육점이 아니라 교회 입구가 되어야 한다.

이 그림은 삶과 죽음의 문제를 외면하지 못하게 할 뿐 아니라 으스대지만 가엾은 인간을 되돌아보게 한다. 하이데거(M. Heidegger)는 죽음 앞에 섰을 때 한 인간이 참된 존재인가 아닌가의 여부가 가려진다고 말했다. 죽음 앞에서 자신을 진정한 존재로 실현할 가능성을 인식하지 못하는 군중(das Man)은 죽음을 회피하려고만 한다. 그러나 죽음을 회피할 수 있는 사람은 없다.

회피하려고 하는 이들은 '죽음에 참되지 못한 존재'이다. 도리어 죽음을 예상하고 일상적인 삶의 제한된 관심으로부터 벗어나야 한다. 죽음에 대한 불안을 거리낌 없이 받아들이고 세속의 환상과 가치로부터 벗어나는 사람은 '죽음을 향하는 자유'를 누린다. 그러나 그토록 삶을 무의미하게 만드는 죽음이란 도대체 무엇인가?

〈해부학 교실〉- 죽음을 이해하고자

1632년 26살 된 무명의 젊은 화가가 암스테르담의 유명 예술가로 등극한 일은 '죽음'을 그린 한 작품의 힘에서 왔다. 〈툴프 박사의 해부학 교실〉. (그림 4) 정확히 말하면 이 그림은 순전히 예술적 차원에서 죽음 자체를 다룬 작품이라기보다는 17세기 네덜란드에서 유행하던 집단초상화의 전통 속에 있다. 당시 집단초상화가 유행한 것은 네덜란드의 이른바 부르주아 계급의 탄생과 관련이 있다. 그들은 자본주의의 최대 수혜자들로 자신들과 자신들이 이룬 업적을 집단초상화를 통해 과시하고 기억하고자 했다. 이전 로마가톨릭교회가 예술의 후원자였다면 네덜란드에서는 부르주아 계급이 예술의 후원자로 등장하였다.

니콜라스 툴프(Nicolaes Tulp) 박사는 부상하던 계급의 일원이었다. 그림의 툴프 박사는 39살이었고, 외과의사이자 해부학자이면서 네 차례에 걸쳐 암스테르담의 시장을 지낸 정치적 인물이었다. 그림에 나온 일곱 명 모두 부유한 중산층이었고, 그중 단지 두 명만이 직업 의사로 확인된다. 해부하려

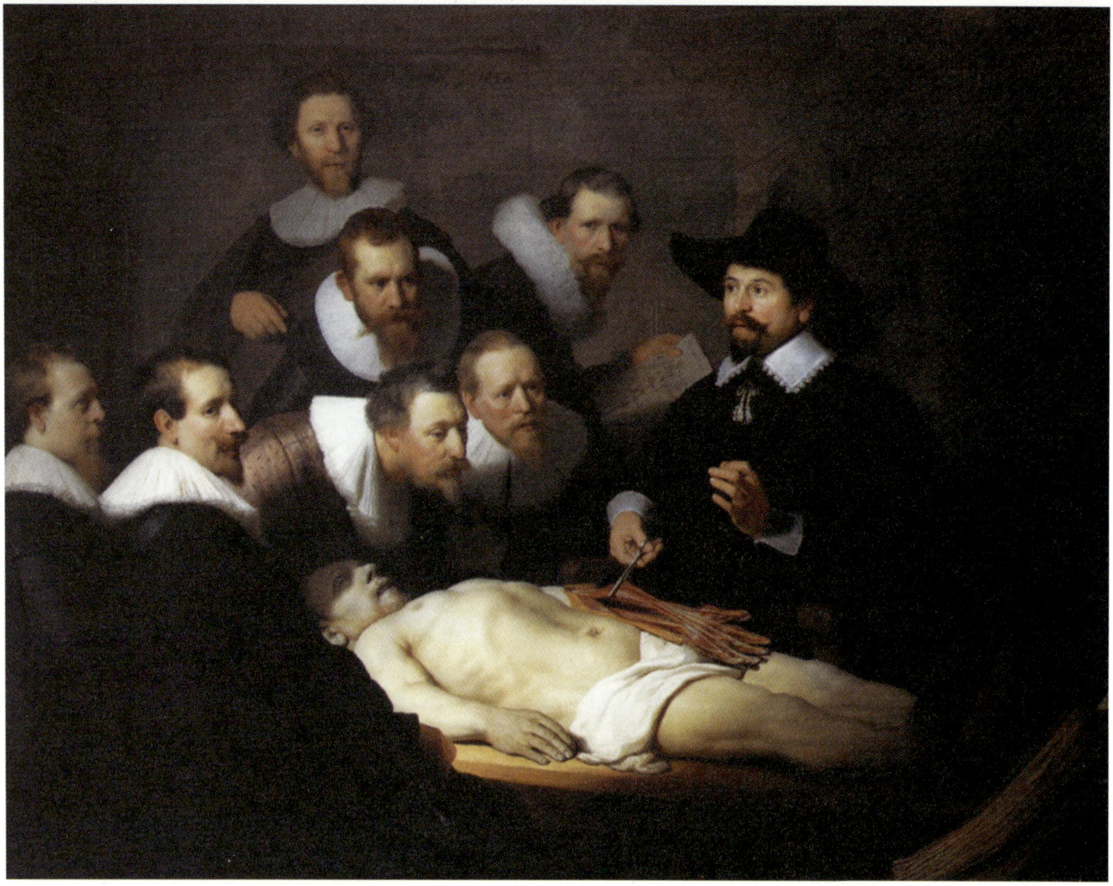

그림 4 렘브란트, 〈툴프 박사의 해부학 교실〉, 1632, 캔버스에 유화
169.5×216.5cm, 헤이그, 마우리츠하위스

는 시체는 무장 강도로 사형된 사람인데, 암스테르담의 외과의사 길드는 공개적 해부를 1년에 한 차례 정도 허락했기 때문에 해부하는 시점이 1632년 1월 16일임을 정확히 알 수 있다. 여기서 〈툴프 박사의 해부학 교실〉의 미술사적 의미를 자세히 논하는 것은 적절하지 않지만, 그래도 이 집단초상화가 이

룬 성취에 관해 짧게나마 평하지 않을 수 없다.

당시 유행하던 집단초상화에서는 네덜란드의 평등주의적 문화로 인해 초상화 대상 중 누구도 주인공처럼 등장하지 않았다. 따라서 다소 형식적이고 경직되게 인물이 배열되었다. 그러나 렘브란트는 이 관행을 깨기로 하였다. 툴프 박사는 해부학 교실을 주도하는 인물로 화면의 오른편을 차지한다. 나머지 등장인물들은 그림을 그리는 렘브란트를 향하지 않고 각기 다른 곳을 바라본다. 등장인물들이 밋밋하게 앞을 바라보도록 하여 해부보다 집단초상화를 그리는 것이 목적임을 노골적으로 드러내는 다른 작가들의 작품에 비해 렘브란트의 그림은 이야기를 가진 멋진 해부학 교실 장면을 연출한다. 그러면서도 동시에 그림에 전체적인 통일성을 주었다.

렘브란트는 삼각형 구도로 인물들을 배치하고, 특유의 어둠과 빛을 적절히 사용하여 관객들의 시선이 자연스레 인물들에게 집중되도록 하였다. 하여 이 집단초상화는 주문자들의 요구에 따른 단순한 단체 초상이 아니라 해부학 강의 장면을 진지하게 연출하는 '예술 작품'이 되었다. 집단초상화를 이야기가 담긴 예술 작품으로 승격시킨 렘브란트는 유명 인사가 되었다. 여기에 얽힌 일화가 있다. 1632년 7월 한 하급관리가 렘브란트를 방문해서 그의 건강 상태를 물었다. 관리는 암스테르담에 사는 명사들의 건강 상태를 두고 내기를 건 사람들의 부탁을 받고 명사들을 방문하는 중이었다. 여기에 26살의 젊은 렘브란트가 그 내기의 한 인물로 포함된 것이다. 그런데 〈툴프 박사의 해부학 교실〉에 관해 궁금한 점이 생긴다. 왜 의사도 아닌 이들이 공개적으로 해부하는 곳에 참여했을까?

고대 서양에서는 해부가 터부시되지 않았다. 해부가 중단되다시피 한

때는 로마 제국의 몰락 이후 기독교 중세 시대가 들어서면서부터다. 비록 일부 수도원에서 의학적 혹은 과학적 목적으로 해부가 시행되기도 했지만 중세 시대 로마가톨릭교회는 해부에 긍정적이지 않았다. 시체가 사람을 부정(不淨)하게 만든다는 구약성서의 가르침에 따른 것인지, 아니면 죽은 자들에 대한 예의에서였는지는 확실하지 않다. 신약성서에서 예수는 죽은 소녀를 살리면서 시체에 손을 대기는 했지만(막 5:41) 그 행위는 죽은 자를 살리는 생명의 구세주이기에 이해되는 사안이었을 것이다. 그 시기 해부에 대한 지식은 이슬람 세계에서 발전했고, 14세기 이후에나 이탈리아 북부의 볼로냐(Bologna)를 중심으로 해부학이 다시 주목받았다.

해부학에 관심을 가진 이들은 일차적으로 의사들이었지만, 인간의 몸에 대한 지식을 쌓으려는 철학자들, 화가 및 조각가들도 해부학 열기에 동참했다. 마침내 일종의 서커스와 같이 입장료를 받고 많은 사람들을 대상으로 진행되는 공개 해부 '행사'마저 벌어졌다. 그 행사에 참여하는 이들은 대다수 해부학을 연구하려는 학생들이었지만 해부가 시행되는 도시를 찾아 여행을 다니는 이들마저 생겨났다.

렘브란트 활동 시기를 전후해서 해부학에 대한 관심이 급증하게 된 시대적 함의는 무엇일까? 그것은 마냥 죽음에 당하고만 있지 않겠다는 인간 의지를 보여주는 것이다. 죽음은 운명이 아니라 극복해야 할 대상이다. 타나토스의 맹목에 대하여 과학의 이름 아래 인간의 의지와 이성이 도전장을 내민 것이다. 그러나 오늘날까지 그러하듯 죽음은 쉽사리 정복되지 않는다.

시간이 흘러 렘브란트는 어머니 코르넬리아, 부인 사스키아, 어린 시절에 죽은 아이들, 그리고 사스키아와 사이에서 태어나 유일하게 성년이 되도록 산 아들 티투스의 죽음을 목격한 관찰자에서 죽음을 직접 체험해야 하는 시기로 점차 다가가고 있었다. 예술가는 죽음 앞에 서서 자신의 인생 전반을 돌아봐야 했다.

〈제욱시스로 분한 자화상〉과 〈그리스도를 안고 있는 시므온〉-죽음과의 화해

그리스의 두 천재 화가가 같은 시대에 살았다. 제욱시스와 파라시오스. 칭송받는 두 천재 화가는 자의반 타의반으로 둘 중 누가 제일인가를 두고 겨루지 않으면 안 되었다. 제욱시스는 포도를 그리기로 하였다. 그가 포도 그림을 내놓자 새들은 그 포도 그림을 실제 포도로 착각하여 하늘로부터 날아와 그림 포도를 쪼아대기 시작했다. 통일신라시대의 솔거가 하늘의 신에게 그림을 배워 황룡사(皇龍寺) 벽에 〈노송도〉(老松圖)를 그렸는데, 그 그림에 새들이 앉으려다가 벽에 부딪쳤다는 전설을 연상케 하는 이야기이다.

그림 5 렘브란트, 〈제욱시스로 분한 자화상〉, 1665
유화, 82.5cm×65cm, 쾰른, 발라프 리하르츠 미술관

제욱시스의 경쟁자 파라시오스는 무엇을 그렸을까? 파라시오스는 예의 그러하듯 커튼에 그림을 덮고 나타났다. 제욱시스는 머뭇거리는 파라시오스에게 커튼을 젖혀달라고 요구했다. 아뿔사, 파라시오스가 그린 것은 바로 커튼이었다. 제욱시스는 자신의 패배를 인정하고 파라시오스를 최고의 화가로 인정해주었다고 한다. 제욱시스 자신은 기껏해야 새를 속였지만 파라시오스는 화가인 자신을 바보로 만들었다면서 파라시오스에게 찬사를 보냈다. 제욱시스가 '바보'인 것은 분명하지만 그것은 파라시오스의 그림에 속았기 때문이 아니다. 제욱시스가 '바보'인 진짜 이유는 제아무리 화가라도 인간이 새의 시력을 따라갈 수 없으며, 결국 인간을 속인 파라시오스보다 새를 속인 제욱시스 자신이 더 뛰어난 사실 묘사의 화가임을 몰랐기 때문이다.

제욱시스에 관한 전설은 또 있다. 어느 날 제욱시스는 예쁘게 그려달라는 요구와 함께 한 노파로부터 초상화 주문을 받았다. 제욱시스는 기가 막히게 못생긴 그 노파의 얼굴을 그리면서 웃음이 터져나왔고, 결국 웃음을 이기지 못하고 숨이 막혀 죽었다. 곧 제욱시스는 화가로서 웃다가 죽었다!

죽기 3년 전 렘브란트는 〈제욱시스로 분한 자화상〉(그림 5)을 그렸다. 이 작품은 한동안 조롱의 대상이 되었다. 많은 평론가들은 이 그림을 "코를 막아야 하는 자화상"이라고 비판했다. 이가 다 빠진 노인(렘브란트)이 죽음 앞에서 찡그리고 있다는 것이다. 1970년대에 와서야 이 작품에 대한 재평가가 이루어졌다. 이 그림에서 제욱시스로 분한 렘브란트는 찡그리고 있다기보다는 아무래도 '웃고' 있다. 그것도 왼쪽에 보이는 죽음의 사자 앞에서. 제욱시스가 아니라면 죽음 앞에서 웃으며 그림을 그리는 화가는 도대체 누구란 말인가! 렘브란트는 그림을 그리다 화가로서 죽은 제욱시스를 부러워한 것 같다. 그는 화가로 죽고 싶어했고, 그것이 늙은 렘브란트가 하나님 앞에서 스스로 발견한 '자기'였다. 이집트의 한 전설이 생각난다. 그 전설에 따르면 죽은 뒤 사람은 두 가지 질문을 받고 그에 대해 어떻게 대답하느냐에 따라 천국행과 지옥행이 갈린다고 한다. 첫 번째 질문은 이것이다. "당신은 인생에서 기쁨을 찾았는가?" 그리고 두 번째 질문, "당신이 인생에서 찾은 그 기쁨이 다른 이들에게도 기쁨이 되었는가?" 엄격히 따져보면 후자의 질문은 당사자를 아는 사람들만이 대답할 수 있을 것 같다. 렘브란트는 그 즈음 자신의 인생에서 기쁨을 찾았던 것 같다. 바로 그림이었다. 그것이 렘브란트에게 허락한 하나님의 선물이었다. 그러니 첫 번째 질문에 렘브란트는 "그렇소."라고 대답할 수 있었을 것이다. 두 번째 질문은 많은 사람을 대신해서 내가 대답하고 싶다. "렘브란트, 선생님의 기쁨은 우리의 기쁨입니다."

죽음을 맞는 해인 1669년 렘브란트가 끝내지 못한 여러 작품 중 〈아기 그리스도를 안고 있는 시므온〉(그림 6)이 있다. 이 작품은 그의 사후 제자들이 마무리를 한 것으로 알려졌다. 이 그림은 죽음을 기쁘게 맞은 한 신앙인을 감동적으로 그려냈다.

시므온은 그리스도를 보기 전에는 결코 죽지 않을 것이라는 성령의 지시를 받은 사람이었다.(눅 2:26) 그러나 평생 이스라엘이 받을 위로를 기다리던 그는 이제 너무 늙었고, 사는 날들이 고단했다. '희망을 보기 전에는 죽지 못할' 그의 운명은 절묘했다. 마침내 시므온은 아기 예수를 품에 안게 되었다. 그는 노래한다. "내 눈이 주님의 구원을 보았습니다."(눅 2:30) 그러나 렘브란트의 시므온은 이미 앞을 보지 못할 정도로 늙었다. 눈이 보이지 않을 정도로 늙었을 때 구원을 '보았고', 죽는 날에야 비로소 '희망'을 보는 그의 역

그림 6 렘브란트, 〈아기 그리스도를 안고 있는 시므온〉, 1669
유화, 81.3×65.5cm, 스톡홀름 국립박물관

설적 운명은 부분적으로 우리 삶에서 반복되기도 한다. 그러니 우리는 그 시므온에게 우리 자신의 모습을 일정 부분 투영해볼 수 있다.

그림의 시므온은 특징적으로 아기 예수를 안고 있다. 아니, 그는 아기 예수를 안았다기보다는 기도하는 두 손 위에 아기를 올려놓았다. 아니, 시므온의 기도하는 두 손 위로 하나님이 그의 구원을 올려놓았다고 표현하는 것이 더 적절하다. 시므온은 입을 열어 하나님의 구원을 찬양하지만, 그것이 힘차 보이지는 않는다. 도리어 감사와 안도의 정서가 지배적이다. 시므온은 이렇게 노래했다. "주님의 말씀을 따라, 이 종을 세상에서 평안히 떠나가게 해주십니다."(눅 2:29) 죽음에 이르러서야 자신의 사명을 다하는 사람들에게 죽음은 하나님의 또 다른 선물이다. "어떤 의미에서는 죽음을 찬미해야 할는지도 모른다. 시간에서 영원의 세계로 가기 위해서는 죽음의 심연을 넘어야 하는 것이기 때문이다."(유동식, 『종교와 예술의 뒤안길에서』, 서울: 한들, 2002, 27.)

1669년 그때는 늙은 렘브란트가 옛날 시므온이 부른 찬양을 함께 불러야 할 때였다. 하나님 안에서 자신의 기쁨을 발견하고, 그 기쁨에 따라 다른 이들을 기쁘게 했던 이들에게 시므온의 노래만한 행복의 노래가 없다.

제3부

믿음, 소망, 사랑

믿음, 소망, 사랑 중 제일 중요한 것은 무엇일까? 많은 이들이 고린도전서 13장을 기억하며 '사랑'이라고 대답할지 모른다. 틀린 답은 아니다. 그러나 바울은 믿음의 중요성을 역설했고, 소망을 통해 구원을 얻었다고도 선언한다. 바울 서신 전체를 살피면 바울은 세 가지 덕을 공평하고 동등하게 말하고 있다는 것을 발견하게 된다.

제3부는 그리스도인이 가져야 할 신앙의 세 가지 덕인 믿음, 소망, 사랑을 다룬다. 사실 그 덕은 누리고 싶지만 쉽사리 얻어지는 것이 아니다. 믿음은 항상 의심에 맞서고 나서야 찾아오고, 소망은 절망의 얼음을 깨야 싹을 틔운다. 사랑은 배신과 무지를 넘어서야 진정해진다. 렘브란트는 세 가지 덕목을 매우 인상적인 방식으로 화폭에 담는다. 일상적 욕구나 심리적 충동만이 아니라 신앙으로 살아갈 수밖에 없는 그리스도인에게 렘브란트는 예술적으로 새롭게 이해된 믿음, 소망, 사랑의 본질을 표현한다.

8

의심에 맞선 믿음

:: 배경이 되는 말씀

마가복음서 4:35-41, 요한복음서 11:1-57

흔히들 '인생은 배를 탄 항해'라고 한다. 바다의 망망함, 격랑, 낭만 등은 가늠할 수 없는 우주와 불확실한 사람살이와 애틋한 사람 사이를 요약적으로 그리기에 적합하다. 따라서 바다에 가면 누구나 시 아닌 시를 읊는다.

바다,
넓이 끝없이 까만
깊이 한없이 아득한
바다 또 바다
저 바다 너머는 또 무엇이 있나?
— 함석헌의 〈수평선 너머〉 중에서

수평선 너머로 저마다 띄운 배는 인생을 적절히 은유한다. 온전하고 그럴듯해 보여도 바다에 나선 배치고 문제없는 배는 없다. 곳곳에 구멍이 나 있고, 바닷물은 그곳으로 스며든다. 메워야 하는데 재료도 부족하고 힘도 부친다. 이곳저곳 뜯어고친 배는 남모를 힘겨움에 밤마다 삐걱댄다. 그래도 배는 "겨울비에 젖은 돛에 가득/ 찬 바람을 안고서" 나아갈 수밖에 없다.

예술은, 프로이트의 통찰대로, 예술의 근본 동력인 에로스와 타나토스를 포착하고 그것을 표현한다. 앞에서 다룬 렘브란트 그림에 나타난 여성과 '죽음'의 주제를 통해 우리는 에로스와 타나토스를 살핀 셈이다. 그러나 종교 예술, 특별히 기독교 미술은 그 둘 외에 인생 항해의 생념(生念)을 일으키는 다른 힘들을 알고 있다. 그중 하나가 '믿음'이다. 렘브란트 성서화에 나타난 '믿음'을 추적하다 보면 우리의 지친 어깨와 무릎에 새 힘이 솟아나는 것을 느낄 수 있다.

갈릴리 바다 폭풍 가운데 있는 예수와 제자들

렘브란트의 〈갈릴리 바다 폭풍 가운데 있는 예수와 제자들〉(그림 1)은 마태(8:23-27), 마가, 누가(8:22-25)복음서 모두에 나오는 기적 이야기를 극적으로 그렸다. 그중 마가복음서 4:35-41을 본문으로 삼아 이야기를 풀어보자.

여느 때와 같이 그날 낮에 예수는 비유를 들어 하나님 나라를 가르쳤다. 무리를 상대로 비유를 전한 후 제자들에게 따로 비유를 설명하다 보니(막 4:33-34) 어느덧 해가 저물었다. 저녁이 오자 예수는 제자들에게 "바다 저쪽으로 건너가자."고 제안했다. 무슨 다급한 일이 있어서 해가 떨어진 이후 바다를 건너가자고 했을까? 어떤 이들은 기적을 계속해서 요청하는 무리를 피하기 위함이라고, 다른 이들은 예수가 다른 지역에서 선교하고자 했다고 추정한다. 둘 다 개연성 있는 추정이다. 이유야 어찌되었건 간에 우리가 여기서 주목하는 바는 '어둠'과 '바다'라는 시공간적 배경이다. 이 시공간적 배경은 앞으로 나올 기적 이야기를 상징적으로 읽을 것을 제안하는 문학적 장치이다. 예수가 탄 밤바다를 항해하는 배는 예수를 따르나 고난 받는 한 공동체를 상징한다. 마가는 곧바로 밤바다를 가로지르던 그 배를 향해 큰 '광풍'이 불어왔다고 보도하여 비유의 상징성을 또렷이 알린다.

갈릴리 바다는 평온하다가 갑자기 요동치는 것으로 악명 높았다. 이는 바다가 산들로 둘러싸여 있어 강한 바람이 산 사이를 휘돌아 발생했기 때문이다. 예수 당시에는 이와 같은 '과학적 설명'보다는 악마적 세력을 그 광풍의 주인공으로 설정했을 것이다. 어쨌든 악마가 일으킨 광풍은 배 안으로 덮쳐 들어왔고, 이내 배에 물이 가득 찼다. 오순도순 이야기꽃이 피던 배는 사탄의 공격 앞에 가볍게 부스러질 일엽편주가 되었다. 그러나 예수는 고물에서 베개까지 베고 잠에서 깨어나지 않았다.

예수의 '잠'을 두고 크게 두 가지 통상적 설명이 있다. 한 해석은 하나님에 대한 예수의 완전한 신뢰를 강조한다. 예수의 잠은 안전에 관한 한 하나님께 모든 것을 맡긴 예수의 믿음을 보여준다는 것이다. 다른 해석은 낮에 종일토록 일하고 지쳐 잠든 예수의 인간적 연약함을 동정적으로 묘사하고자 한다. 그러나 아무래도 이 이야기에서 예수의 잠은 그의 백성이 고난 받는 현장에서 하나님이 취한 '침묵'과 유사하다. 성서 전통에서 하나님의 침묵은 하나님의 자비의 부족보다는 백성들의 인내와 믿음의 부족을 드러내곤 하였다. 성서는 하나님이 그분의 침묵을 깨고 역사하실 때를 기다리라고 권면한다. 예수의 잠 역시 예수의 무능과 무관심을 나타내지 않는다. 도리어 제자들의 조바심과 믿음 없음이 예수의 잠으로 인해 폭로된다.

제자들은 다급히 예수를 흔들어 깨우며 말한다. "선생님, 우리가 죽게 된 것에(혹은 파괴되는 것에) 마음을 쓰지 않으십니까?" 글에서 어조를 읽기란 쉬운 일이 아니지만 제자들의 말에 선생님을 향한 정중함을 찾기는 어렵다. 제자들은 아마 선생을 흔들며 다그치듯 소리를 질렀을 것이다.

드디어 예수가 잠에서 깨어났다. 그는 마귀를 꾸짖듯(에피티마오, epitimaō) 바람을 꾸짖고는(epitimaō), 바다를 향해서도 "고요하고, 잠잠하라."고 말했다. 바람은 이내 잦아들었고, 바다에는 큰 고요함이 찾아왔다. 귀신 들려 광포한 사람에게 온전한 정신이 찾아왔듯(막 5:1-20), 밤바다의 혼돈에 질서가 깃들었다. 제자들의 '선생'은 사람들의 마음만이 아니라 바람과 바다에도 권위를 가진 이였다. 밤바다에 평화를 가져온 뒤 예수는 제자들을 훈계한다. "왜들 무서워하시오? 아직도 믿음이 없단 말이오?" 질책은 두 가지나 요지는 하나이다. 있을 때도 되었는데 '아직도' 믿음이 없는가이다. 그런데 무슨 '믿음'일까? 예수는 제자들에게 자신이 위대한 기적 수행가인데, 그것을 믿지 못하느냐고 힐난하는 것일까? 그것은 아니다. '예수의 잠', 곧 예수가 부재하는 듯 보이는 순간에도 예수가 그 배에 함께 있다는, 그래서 예수는 배에 있는 제자들과 운명을 같이한다는 믿음, 하나님이 예수 안에서 활동한다는, 그래서 예수가 광포한 사탄의 세력마저 잠재울 수 있다는 믿음이 예수가 말한 '믿음'이었을 것이다. 영광과 평안의 시간에도 예수가 그 배에

그림 1 렘브란트, 〈갈릴리 바다 폭풍 가운데 있는 예수와 제자들〉, 1633
유화, 160×127cm, 보스톤, 이사벨라 스튜어트 가드너 박물관(도난)

함께 있었듯이, 시련과 고통의 때에도 예수는 그 배에 함께 있었음을 제자들은 알고 두려워하지 말아야 했다.

렘브란트는 그림을 통해 이 이야기를 어떻게 해석했을까? '그림 1'의 전체 구도는 배가 처한 상황을 집약적으로 보여준다. 돛대의 끝과 배의 앞머리와 뒷머리는 안정적인 삼각형을 이루지만 그 뱃머리가 엄습하는 파도로 인해 45도 정도 들려 있다. 세찬 물결은 배에 부딪혀 하얀 거품을 낸다. 흰 파랑(波浪)은 화면에서 제일 밝은 부분이다. 그렇다. 개인이나 공동체 모두 생명을 위협하는 문제가 가장 눈에 띄는 법이다.

뱃머리의 다섯 명은 자신들에게 닥친 격랑에 최선을 다해 맞선다. 렘브란트 당시 네덜란드 화가들은 종종 배와 폭풍을 통해 인간과 자연의 투쟁을 그렸는데, 다섯 명이 그런 그림 전통과 관련되어 있다. 둘은 돛을 붙잡고, 둘은 돛대 주위에서 돛과 돛대에 지탱하려고 한다. 다섯 명 중 화면 가장 앞에 있는 사람은 오른손으로 돛을 지탱하는 줄을 잡고, 다른 손으로는 자신을 덮치는 물을 막고 있다. 손바닥으로 얼굴을 가려봐야 그 물을 다 막지 못할 것이 분명하다. 그의 허튼 손짓만 그러할까? 다섯 명 모두 자연의 광포함에 맞서기에는 역부족이다.

다섯 명 바로 다음 배 중앙에는 두 명이 나온다. 한 명은 배 안의 작은 공간을 바라보며 거기에 숨을 공간을 재보는 듯하고, 그 공간에 숨은 한 사람은 불안한 듯 밖을 조심스레 살피고 있다. 뱃머리의 다섯 명이 자연에 맞서려는 호기로운 인간이라면, 배 중앙에 있는 두 명은 언제 부서져버릴지 모를 배 안에서 숨을 곳을 찾고 있다. 비겁자라고, 도피자라고 혹평하고 싶지만 우리 자신의 모습과 다를 바 무엇인가. 그 옆에 푸른 빛 계통의 옷을 입고 오른손으로는 돛의 줄을, 왼손으로는 모자를 쥐고 있는 사람은 렘브란트 자신이다. 자세히 보면 오른손으로 돛 줄을 잡았다기보다는 무너져가는 배의 돛 줄에 자신의 몸을 지탱하고 있다. 모자를 쥐고 있는 손은 우리를 씁쓸히 웃게 만든다. 이 상황에 모자를 지켜본들 무엇 하겠는가. 렘브란트는 삶을 지탱해주는 것이 무너질 때도 그것에 최대한 기대보려는, 간두지세(竿頭之勢)의 상황에서도 자신에게 속한 작은 것을 잡아보려는 어리석은 사람의 역할을 스스로 담당했다. 그림의 렘브란트는 감상자를 바라보며 자신을 동정해주기를 기대하는 걸까? 아니면 "이게 당신들의 모습이오."라고 말하는 걸까?

그림의 렘브란트와 예수 사이에는 다른 다섯 명이 있다. 화면 맨 위의 사람은 지금 일어난 위기 때문에 겁에 질렸다. 그 아래 사람은 예수의 몸을 흔들어대며 항의하고, 그와 함께한 사람은 예수에게 다급하게 상황을 설명하는지 아니면 이 상황을 어떻게 해보라고 간청하는지 알 수 없지만, 둘 모두 선생을 공경하는 태도는 아니다. 그 다음 인물은 무릎을 꿇고 두 손을 모으고 기도한다. 이전 둘이 '적극적'이라면 기도하는 한 사람은 '소극적'으로 구세주가 깨어나기를 기도한다. 그 아래 빨간 옷을 입은 사람은 배멀미를 이기지 못하고 배 밖으로 음식물을 쏟아낸다. 그의 육체는 문제를 대면하지도, 해결하지도 못할 정도로 연약하다. 배의 후미에서 가까스로 배의 키를 잡고 있는 사람은 키를 쥐고는 있으나 배를 조정하지는 못한다. 반면 예수는 이제 막 깨어난 듯 자신들에게 항의하는 두 제자를 바라본다. 예수의 오른손은 가슴에 다른 한 손은 별 일이 없는 듯 느슨한 자세를 취한다. 예수만이 배에 닥친 외부환경에, 그리고 사람들의 동요에 아랑곳하지 않고 평온을 유지한다. 그 역시 배 안에 있지만 말이다.

렘브란트의 그림에 등장하는 여러 인물들은 매우 생생하게 성서 이야기를 상상하도록 도와준다. 또한 그들의 모습은 '배'에 닥친 밤바다의 폭풍 속에서 감상자 당신은 어떤 인물과 유사한지를 물어온다. 감당할 수 없는 시련에 작은 힘으로나마 맞서자는 돈키호테인가? 무너져가는 배의 작은 피신처에 몸을 숨기는 비겁자인가? 부질없이 상황을 통제해보려고 배의 키를 잡았는가? 그저 겁에 질려 있거나, 위급한 상황에서도 멀미에 지쳐 있는가? 무너져가는 터전에 몸을 지탱하며 부질없는 것을 방어해보려고 하는가? 아니면 적극적으로 도움을 줄 사람을 무례하게 흔들어 깨우는가? 그것도 아니면 그저 무릎을 꿇고 조용히 손을 모으는가?

렘브란트나 감상자들 모두 이 이야기의 결말을 알고 있다. 예수는 폭풍 속의 배에 함께 있어 제자들과 운명을 같이했고, 마침내 상황을 놀랍게 정리했다. 그러나 이 이야기의 '끝'을 알고 있는 우리는 고통의 상황 속에서 '끝'을 예감하고 믿음을 갖기보다 상황에 압도당하게 마련이다. 우리는 폭풍을 두려워하고 우리 '배'에 그리스도가 함께 타고 있음을, 그가 하나님의 권능을 대리함을 전적으로 신뢰하지 못한다. 렘브란트는 자신을 그림 속에 그려 넣는 방식으로 예수의 질책을 다시 우리 귀에 생생히 들려오게 한다. "왜들 무서워하시오? 아직도 믿음이 없단 말이오?" 아직도!

믿음은 이른바 '현실'이라고 불리는 '사회적으로 합의된 세계' 배후에 있는 삶의 진실을 보도록 이끈다. 상황에 압도당하지 않고, 우주와 역사의 주인을 분별하며 그의 선하심에 의지하게 한다. 공관복음과 요한복음서는 여러 면에서 다르지만 렘브란트는 〈갈릴리 바다 폭풍 가운데 있는 예수와 제자들〉에 나타난 믿음과 요한복음서가 말하는 믿음의 공통성을 발견한다. 요한 역시 기적을 통해 그러한 믿음을 독자들에게 알리는데, 렘브란트의 예술적 통찰력은 나사로의 소생 이야기(요 11:1-57)에 가 닿았다. 곧 〈나사로의 소생〉(그림 3, 4)이 그것이다.

〈나사로의 소생〉은 1633년 〈갈릴리 바다 폭풍 가운데 있는 예수와 제자들〉보다 2-3년 정도 앞선 작품으로 요한복음서에 나온 7개의 표적 가운데 마지막 표적이자 가장 위대한 표적으로 평가된다. 대략의 이야기는 이러하다.

예루살렘에서 멀지 않은 베다니 마을에 마르다와 마리아, 그리고 나사로가 살았다. 그들은 남매로 예수의 사랑을 받는 이들이었다.(요 11:5) 물론 그들 또한 예수를 사랑하였다. 특별히 주님을 향한 마리아의 사랑은 깊었다. 그는 예수께 향유를 붓고, 여자의 명예인 머리털로 예수의 발을 씻은 여인이었다.(요 11:2) 그런데 예수와 서로 사랑하고 사랑받는 사이인 나사로가 병이 들었다.(요 11:3) 그것은 마치 그리스도를 모신 배에 풍랑이 들이닥치는 것과 마찬가지다. 사람들이 볼 때에 그 병은 사소한 질병이 아니라 죽음에 이를 정

그림 2 렘브란트, 〈예수의 발 앞에 무릎 꿇은 마르다와 마리아〉, 1662
펜 드로잉, 17×21cm, 클리블랜드 미술관

이 드로잉은 렘브란트가 말년에 그린 몇 안 되는 펜 드로잉 작품 중 하나이다. 젊은 렘브란트는 1630-1632년 즈음에 유화와 에칭화로 이 주제를 그렸는데, 30년이 흐른 뒤 원숙해진 렘브란트는 다시 이 주제를 떠올렸다. 말년의 고독과 시련을 겪으며 렘브란트 역시 부활과 생명의 주 앞에 엎드린 자매와 함께 무릎을 꿇고 싶었을 것이다. 그는 기적을 바랐을까? 아니다. 단지 무릎을 꿇고 싶었을 것이다.

도로 위중하였고, 그들의 판단은 옳아 보인다. 결국 나사로는 죽었다. 그러나 예수의 진단은 달랐다. 그 병은 죽음에 이를 병이 아니라 도리어 하나님의 영광, 또 하나님의 아들의 영광을 드러낼 병이다.(요 11:4). 『공동번역』과 『공동번역 개정판』은 "그러나 (예수가) 라자로가 앓는다는 소식을 들으시고도 계시던 곳에서 더 머무르시다가 이틀이 지난 뒤에야" 비로소 베다니 지역으로 갔다고 읽는다. 여기서 『공동번역』/『공동번역 개정판』이 '그러나'로 번역한 헬라어 '운'(oun)은 문자적으로나 의미상으로 모두 '그러므로'로 읽는 편이 옳다. 예수는 그 병으로 인해 하나님의 아들이 영광을 얻을 것을 알았기에 '그러므로' 나사로가 앓아서 죽게 생겼어도, 또한 나사로를 사랑함에도 불구하고 이틀을 더 지체한 것이다. 예수가 움직이는 '때', 더 나아가 하나님이 움직이는 '때'는 오로지 하나님과 예수에게 달려 있다. 요한이 독자들에게 알려주려는 믿음은 바로 이것이다. 하나님 및 예수와 사랑하고 사랑받음에도 불구하고 '병'이 들 수 있다는 것, 그러나 주님의 사랑을 의심하지는 말라는 것, 또 주님이 행동하시는 그 '때'는 주님에게 속했다는 것, 마지막으로 '때'가 되면 그분이 반드시 그분의 사랑과 능력에 따라 움직이신다는 것.

마침내 나사로는 죽었다. 요한의 예수는 먼저 그의 죽음을 '잠들었다'는 오래된 완곡어법으로 표현하지만(요 11:13), '죽었다'(요 11:14)는 일반 사람들의 표현도 수긍한다. 그러나 자신의 지체로 인한 나사로의 죽음은 도리어 잘된 일이었고, 심지어 예수는 이를 기쁘게 생각하였다. 이 일로 인해 사람들이 '믿음'을 갖게 될 것이기 때문이다.(요 11:15)

베다니로 들어가려 할 때 마르다는 예수의 방문 소식을 듣고 그를 맞으러 나갔다. 마르다는 "주님이 여기에 계셨더라면, 내 오라버니가 죽지 아니하였을 것입니다."라고 말한다.(그림 2) 이는 예수에 대한 에두른 원망일까? 이어 마르다는 "그러나 이제라도, 나는 주님께서 하나님께 구하시는 것은 무엇이나 하나님께서 다 이루어주실 줄 압니다."라고 고백한다. 이는 예수에 대한 신실한 믿음의 표현일까?

진실한 의미에서는 원망도, 믿음의 표현이라고도 할 수 없다. 원망과 믿음의 대상을 알아야 참된 원망과 믿음이 가능하다. 마르다는 예수를 몰랐다. 예수는 마르다에게 "나는 부활이요 생명이니, 나를 믿는 사람은 죽어도 살고, 살아서 나를 믿는 사람은 영원히 죽지 아니할 것이오. 그대가 이를 믿소?"라고 선언하며 묻는다. 그러나 눈뜬 시각장애인이자 잘 들리는 청각장애인 마르다는 예수의 말을 깨닫지 못한 듯하다. 죽은 나사로를 두고 마르다에게 한 예수의 말은 생명에 대한 새로운 정의였다. 비록 나사로가 육체적으로 죽은 듯 보여도 부활이며 생명인 예수와 있다면 그것이야말로 참으로 살아 있는 것이다. 예수와 함께 있다는 말은 사랑으로 예수가 그 안에, 그가 예수 안에 서로 머무름을 가리킨다.(요 14:15–24, 15:9–10)

마르다의 부름을 받고 온 마리아, 그리고 나사로를 위해 곡하러 온 유대인들 역시 예수 앞에 섰다. 마리아의 첫 말 역시 마르다의 것과 다르지 않다. 다만 마리아와 함께 따라온 유대인들은 예수 앞에서 통절한 눈물을 흘리며 애곡하였다. 『개역한글판』은 예수가 이에 "심령에 통분히 여기시고 민망히" 여겼다고 번역한다.(요 11:33) 이 구절에 관한 한 『개역한글판』의 번역이 이후 『개역개정판』, 『표준새번역』, 『새번역』, 『공동번역』, 『공동번역 개정판』의 번역보다 헬라어의 문자적 뜻과 문맥에 더 적합하다. 원통하고 분하다는 의미를 지닌 '통분'(痛忿)은 그리스어 '엠브리마오마이'(embrimaomai)의 번역이다. 이는 신약성서에 5번 쓰였는데(막 14:5, 마 9:30, 막 1:43 등), 그 용례에서 볼 수 있듯이 사랑의 감정보다는 분노와 경고, 불평 등의 감정과 통한다. '답답하고 딱해 걱정스럽다'는 뜻의 민망(憫惘)은 신약성서에서 약 17번 정도 쓰인 '타라소'(tarassō)의 번역으로, 마태복음서 2:3, 14:26, 그리고 사도행전

17:8 등에서 볼 수 있듯이 격정에 휩싸인 심리 상태를 그리는 단어이다. 따라서 통상적 이해대로 예수가 마리아의 눈물을 보고 함께 마음 아파한 것이 아니다. 또한 이후 예수가 흘린 눈물도 사랑에 겨워서 흘린 게 아니다. 그것은 오해이다. 요한은 유대인들이 예수의 눈물을 오해해 "보시오, 그가 얼마나 나사로를 사랑하였는가!"라고 말했다고 기록한다. 그러니 예수는 다시 속으로 통분히 여길 수밖에!(요 11:38)

그렇다면 예수는 구체적으로 무엇을 통분히 여긴 것일까? 바로 목전에 부활과 생명을 두고도 죽음 때문에 우는 청맹과니 마르다와 마리아, 그리고 그들과 함께 곡하는 사람들 때문이었다. 생명수 강 한가운데서 목말라 죽어가는 그들의 어리석음, 생명의 떡 잔치에 굶어죽는 그들의 아둔함에 예수의 안타까움은 어느덧 통분으로 바뀌었고, 통분과 민망함의 눈물이 흘러내렸다.

렘브란트는 〈나사로의 소생〉을 각각 유화와 에칭으로 제작했다. 이렇게 각기 작업한 데에는 상업적인 목적도 있었겠지만—특히 여러 작품을 찍어낼 수 있는 에칭의 경우—그보다는 젊은 렘브란트의 마음이 이 이야기에 매료된 측면도 있을 것이다. 당시 작업실을 함께 쓰던 얀 리번스(Jan Lievens, 1607–1674)도 〈나사로의 소생〉을 그리며(그림 4) 경쟁적으로 본문 해석과 그림 솜씨를 겨루었다.

유화 〈나사로의 소생〉을 보자.(그림 3) 이야기에 따라 렘브란트는 나사로의 무덤을 동굴로 그린다. 고대 유대인들은 동굴을 무덤으로 썼고 렘브란트 역시 이를 잘 알고 있었다. 그러나 렘브란트는 극적 상황을 강조하기 위해 예수가 동굴 무덤 안으로 들어간 것으로 처리한다. 따라서 그림은 전체적으로 어둡다. 동굴 무덤 안은 어둠이 자연스러운 곳이고, 렘브란트는 관람객들에게 이 그림의 해석을 위해서 빛과 구도에 주의를 집중하라고 암묵적으로 말한다.

먼저 '그림 3'의 전체 구도를 살펴보자. 화면을 세로로 반 나눌 때 오른쪽 위 벽에는 칼, 활, 전통, 터번 등이 걸려 있고, 약간의 빛이 그것들을 빛나게 한다. 그것들은 그림의 단조로움을 덜어줄 요량으로 그려진 듯 보인다.

그림 3 렘브란트, 〈나사로의 소생〉
1630-1631, 목판에 유채, 96.2×81cm
로스앤젤레스 카운티 미술관

그림 4 얀 리번스, 〈나사로의 소생〉
1631, 유화, 107×114cm, 브라이튼 미술관

그러나 이 그림을 X-ray 촬영을 하고 난 후 연구자들은 이 그림의 구도가 급격하게 바뀌었음을 알아냈다. 원래는 오른쪽 벽에 걸려 있는 물건들의 자리에 예수가 있었다. 그러나 렘브란트는 예수를 나사로 쪽에서 사람들이 있는 쪽으로 옮겼다. 왜 그랬을까? 그 이유는 빛 때문이었다. 렘브란트는 빛, 곧 하나님의 은총과 기적을 예수와 연관짓고자 했다. 빛은 예수를 통해서 와야 하기 때문에 렘브란트는 이를 분명하게 표현하기 위해 손을 번쩍 든 예수의 오른팔과 마리아로 보이는 여인 사이에 빛이 통과하도록 했다. 그 빛은 예수의 오른팔과 광경을 지켜보는 마리아의 얼굴, 그리고 나사로를 비춘다. 이로써 렘브란트는 하나님의 빛이 예수를 통해 기적을 이루며, 사람들에게 믿음을 만들어내고, 죽은 이에게 새로운 생명을 불어넣는 장면을 연출한다. 렘브란트가 생각하는 하나님의 빛은 하나님 자신과 예수, 그리고 믿음 없는 이들과 죽은 이들을 연결해주는 빛이었다.

이외에도 나사로를 건장한 체격으로 그린 이탈리아의 거장들, 곧 루벤스나 틴토레토(Tintoretto)와는 달리 렘브란트의 나사로는 빈약한 모습인데, 렘브란트는 예수를 제외한 그림의 등장인물들이 모두 시체였던 나사로를 바라보게 함으로써 그 기적의 위대함에 사람들이 마땅히 놀랄 수밖에 없음을 강조한다.

렘브란트 그림의 독특성은 동일한 작업실에서 경쟁하던 리번스의 것과 비교할 때 더욱 두드러진다. 렘브란트가 빛을 통해 하나님과 예수, 그리고 살아 있는 사람들과 죽은 나사로를 연결한 반면, 리번스는 예수와 사람들이 각기 달리 빛을 받는 것으로 처리했다. 리번스의 빛은 예수와 사람들을 연결하기보다는 각 인물들에게 각기 다른 역할을 담당하게 한다. 그러나 리번스의 작품에도 렘브란트의 그림은 물론 다른 여느 작품과 비교해보아도 도드라지는 독특성이 있다. 리번스는 나사로의 소생 자체에 초점을 두지 않고 오로지 예수와 믿음을 갖게 되는 사람들만을 강조했다. 다시 말해 나사로는 그림에서 미미하게 처리되는데, 화면 왼편 아래쪽에 나사로의 두 손이 위로 삐죽 나와 있을 뿐이다. 리번스가 보기에 이 사건에서 나사로의 소생 자체는 중요한 것이 아니다. 예수의 영광이 드러나고, 이를 통해 사람들이 믿음을 갖게 된 것이 결정적이다. 리번스의 해석도 일리가 있다. 되살아난 나사로는 또다시 죽게 된다. 나사로의 육적 소생 자체보다는 생명과 부활의 주와 그를 향한 믿음이 나사로의 소생 이야기에서 우리가 얻을 더욱 값진 교훈이기 때문이다.

반대로 예수가 사라지고 사람들만이 그림의 주인공처럼 등장한 그림도 있다. 렘브란트를 흠모하던 반 고흐의 작품이 그것이다.(그림 5) 말년의 반 고흐는 생-레미 정신병원에서 자신의 병과 사투를 벌였다. 평생 고흐와 함께하던 그의 동생 테오는 그런 형을 극진하게 생각하여 평소 고흐가 존경하던 렘브란트의 그림 중 〈나사로의 소생〉 에칭화를 보내주었다. 테오는 그림 속 나사로처럼 형이 예수를 통해 소생하기를 간절히 바란 것이다. 고흐는 그 에칭화를 보고 작품을 만들었다. 그런데 기적을 일으키는 예수는 없고, 대신 태양만이 고흐 특유의 노란색으로 빛날 뿐이다. 태양을 제외하면 그림에는 나사로와 그의 두 누이만이 등장한다. 적지 않은 사람들은 나사로의 턱수염을 근거로 고흐가 나사로의 얼굴에 자기 얼굴을 그려넣었다고 생각한다. 고흐는 그렇게 하여 정신병과 싸워 이기고자 하는 자신의 소망을 표현하고, 동시에 그 일로 감격할 동생의 모습을 마리아의 모습에 투영하고자 했는지 모

그림 5 반 고흐, 〈나사로의 소생〉, 1890, 유화
50×65cm, 암스테르담, 반 고흐 미술관

른다. 광산 지역 전도사로 섬길 때 지나친 헌신으로 지역 교회에서 선교를 중단당한 고흐의 이전 경력을 감안하면, 비록 소망과 회복의 의지를 표현하였지만 그리스도가 사라진 그 그림에서 모종의 슬픔과 좌절이 감지된다. 물론 이 그림을 근거로 고흐가 신앙을 잃어버렸다고 말할 수는 없다. 다만 고흐의 그림은 그리스도가 없이 안간힘을 다해 품는 소망과 재활 의지의 쓸쓸함과 무력함을 드러낸다.

믿음은 그리스도인들을 살게 하는 근원적 힘이다. 격랑과 풍랑 속에서도 '배'에는 그리스도가 함께 계시다. 죽을병에 걸릴지라도 그리스도와 사랑하고 사랑받는 관계가 훼손되는 것은 아니다. 비록 그리스도가 잠들어 있는 듯해도, 그리스도를 기다리다 '이틀'이 지나 고통 속에 '잠'들었어도 부활과 생명의 주가 있는 그곳에는 절망이나 죽음이 없다. 통곡과 좌절은 삶의 주인이자 사랑의 주를 바라보지 못하는 신앙의 청맹과니에게나 있다. 그리스도는 그분의 '때'에 일어나 그분이 사랑하시는 사람에게로 갈 것이다. 바다와 풍랑은 물론, 죽음도 그분의 명령에 순종한다. 이 믿음을 가지고 바다에 배를 띄운 하늘 나그네의 입에는 즐겨 부르는 노래가 있다.

고향을 그리며 바람 따라 흐르다가,
아버지를 만났으니 여기가 고향이라.
하늘 저편 가더라도 거기 또한 여기거늘,
새 봄을 노래하며 사랑 안에 살으리라.
—素琴

9

절망이 낳는 희망

:: 배경이 되는 말씀

예레미야서 1장, 마태복음서 14:22-33, 누가복음서 5:1-11, 22:54-62

낙관과 절망 사이에

용기가 만용이나 비겁과 혼동될 수 없듯 참된 희망은 미래에 대한 근거 없는 낙관이나 하릴없는 절망과 분별되어야 한다. 계산 없는 진단과 준비되지 않은 낙관 속에 인간은 자신의 미래에 대해 오만해진다. 반면 눈앞에 보이는 현실만으로 주어진 가능성을 포기해버린다면 밑바닥이 없는 심연을 가리키는 하데스(hades) 속에 사는 것과 다를 바 없다. 19세기에서 20세기 중반까지 유럽인들은 참된 의미의 희망보다는 오만과 절망을 급격히 오갔다. 마르크스(K. Marx)와 카뮈(A. Camus)는 각각 그리스 신화에 등장하는 프로메테우스와 시시포스를 통해 자신이 살던 시대의 낙관과 절망을 그렸다. 그러나 그 시기 유럽인들만이 삶의 방향타 앞에서 어지러웠을까? 오늘날 우리도 여전히 그러하지 않을까?

현대는 환경 문제를 지적하는 생태학적 종말론, 문명 간 충돌을 경고하는 역사학적 종말론, 자원과 에너지를 둘러싼 경제학적 종말론이 주는 암울감에 싸여 있다. 반면 애면글면 낙관의 씨앗을 찾으려는 몸부림은 과학의 발전이라는 불확실한 터에 기댄다. 사실상 시시포스가 프로메테우스 위에 서 있는 셈이다. 어느새 '희망'이라는 말은 현실을 전문적으로 파악하지 못하는 이들의 전유물처럼, 아니면 불안감을 짐짓 외면하려는 이들의 전문용어가 되어버린 듯하다. 현대의 대다수 전문가들은 카뮈처럼 "명확하게 생각하고, 더 이상 바라지 않는" 이들이다. 비장한 모습을 한 현대의 시시포스들은 희망 대신 책임감 속에, 변화에 대한 기대 대신 인내와 감내의 미덕을 추궁받으며 지친 어깨에 힘을 모아 돌을 산 정상으로 밀어올린다. 잘 살아갈 수 있을까? 아마 얼마 지나지 않아 산 정상에서 돌이 아니라 자신을 굴려버리고 싶을 것이다. 단테는 그의 글에서 지옥 입구에는 "이 문으로 들어오는 자여, 모든 희망을 버릴진저!"라는 경고가 써 있다고 하였다. 그러나 그 경고문을 뒤집어야 진실에 더 가깝다. 모든 희망이 사라진 곳이 바로 지옥이다. 희망이 없는 혹은 희망을 놓아버린 삶은 생존의 차원으로 전락한다. 생존을 구걸하는 삶이야말로 지옥과 다를 바 없다.

땅에 발붙이고 살면서 렘브란트 역시 절망의 골짜기와 희망의 봉우리를 걸었고, 그의 성서화들은 이를 잘 보여준다. 우리는 이를 추적하여 믿음 및 사랑과 함께 그리스도인들을 살게 하는 힘의 근원, 곧 희망을 탐색하려고 한다.

절망과 희망을 동시에 뚜렷이 볼 수 있는 렘브란트의 성서화 중 하나는 〈예루살렘의 멸망을 슬퍼하는 예레미야〉(그림 1)이다. 이 작품은 렘브란트가 불과 24살에 그린 것으로 깊은 절망을 형상화하고, 희망의 출처를 밝혀놓았다. 그러나 이 작품이 무엇을 그린 것인지에 관한 특별한 기록이 없었기 때문에 평론가들은 그림의 정체를 먼저 밝혀야 했다. 이 그림이 제작된 1630-1631년에 렘브란트는 동료이자 암묵적 경쟁자인 얀 리번스와 같은 작업실을 사용하였다. 그들은 이 시기에 바울이나 성 제롬(St. Jerome) 혹은 욥(Job) 등을 그렸는데, '그림 1'의 인물은 그들과 닮아 있다. 따라서 그가 성서 혹은 성서와 관련된 인물일 가능성은 높다. 한편 라파엘의 〈아테네 학당〉(1510-1511)에 등장하는 헤라클레이토스(Heraclitos)와 유사한 자세를 취하고 있기에 그림 속 인물을 특정한 철학자로 추정하기도 했으나 그 자세만으로 그림 속 인물을 철학자 혹은 사상가로 단정하기는 어렵다. 헤라클레이투스를 그리면서 라파엘이 모방한 것 같은 미켈란젤로의 〈예레미야〉를 떠올려보라.(그림 2) 하여 그림 속 인물이 누구인지를 알려주는 단서는 다른 곳에서 찾아야 한다. 평론가들은 '그림 1'에서 왼편 장면에 주목했다. 그곳에는 불타는 성과 눈이 멀어 어쩔 줄 모르는 한 남자가 그 성을 등지고 있다. 또한 슬픔에 찬 그림의 주인공이 괴고 있는 책에는 'Bibel'이라는 글자가 써 있다. 이것이 결정적 단서이다. 이 인물은 불타는 성을 배경으로 통치자로 보이는 눈먼 이를 옆에 두고, 하나님의 말씀인 성서를 괴고 앉아 애탄(哀歎)하는 인물이다. 그렇다면 그가 '예레미야'가 아니라면 누구랴.

예레미야는 요시야 왕 13년에 선지자로 부름을 받고 기원전 587년 예루살렘이 멸망할 때까지 예언자로 활동했다. 다섯 왕의 통치를 겪으며 40년에 걸친 긴 세월을 예언자로서 보낸 그에게는 '눈물의 예언자'라는 별칭이 따라다닌다. 그러나 사춘기적 감상주의이나 열광주의적 신앙 감수성이 그 눈물의 출처는 아니었다. 하나님은 유다 지도자들과 그 백성들 앞에서 그를 "견고한 성읍, 쇠기둥, 놋성벽"과 같이 만들었다.(렘 1:18) 그런 그가 흘린 눈물은 한 개인의 슬픔을 넘어서 전체를 대신한 혹은 전체와 함께 흘린 눈물이다. "예언자란 남의 고통을 자기 고통처럼 느끼는 사람"(아브라함 요수아 헤셸)이며 다른 이의 고통에 신음을 내는 사람이 아닌가.

'그림 1' 속 불타는 성은 예루살렘이다. 예레미야는 부름을 받을 때 '물이 끓는 가마'가 팔레스타인 쪽으로 재앙을 쏟아내는 환상을 보았다.(렘 1:13-15) 얼마 안 가 그 재앙의 근원지가 바벨론이라는 것이 확실해졌다. 예수가 로마에 의한 예루살렘의 파멸을 두고 눈물을 흘린 것처럼 예레미야도 바벨론에 의해 망한 예루살렘 앞에서 울고 있다. "살해된 나의 백성, 나의 딸을 생각하면서, 내가 낮이나 밤이나 울 수 있도록, 누가 나의 머리를 물로 채워주고, 나의 두 눈을 눈물샘이 되게 하여 주면 좋으련만!"(렘 9:1)

예레미야는 지도자들과 백성들에게 회개를 촉구했다. '회개'(히브리어로 '슈브')는 문자적으로 '돌아옴'을 뜻한다. 하나님께로 돌아오라는 그 외침은 우상 숭배를 버리고, 하나님의 언약 백성으로 충실히 살아가라는 것이다. 이미 강도의 소굴이 되어버린 성전을 비판하며, 하나님을 떠난 유대인 지도자

그림 1 렘브란트, 〈예루살렘의 멸망을 슬퍼하는 예레미야〉, 1630
유화, 58.3×46.6cm, 암스테르담, 레이크스 미술관

그림 2
미켈란젤로, 〈예언자 예레미야〉, 1508–1512
프레스코, 바티칸, 시스티나 성당

바티칸의 시스티나 성당의 프레스코화였고, 더불어 미켈란젤로의 명성 덕분에 당시 유럽의 화가들은 이 그림을 참조하지 않을 수 없었을 것이다.

들과 백성들을 향한 이 당연한 외침은 핍박받았다. 선지자는 탄식한다. "아! 어머니 원통합니다. 왜 나를 낳으셨습니까? 온 세상이 다 나에게 시비를 걸어오고, 싸움을 걸어옵니다. 나는 아무에게도 빚을 진 일도 없고, 빚을 준 일도 없는데, 모든 사람이 다 나를 저주합니다."(렘 15:10)

온 세상과 시비 붙고 싸움을 하여 생명을 위협받던 예레미야는 그 어디서도 환영받지 못했다. 이런 비참한 처지에 놓인 예레미야는 자신을 예언자로 선택하고, 자신에게 예언의 말을 맡긴 하나님과도 싸웠다. "주님, 주님께서 나를 속이셨으므로, 내가 주님께 속았습니다. 주님께서는 나보다 더 강하셔서 나를 이기셨으므로, 내가 조롱거리가 되니, 사람들이 날마다 나를 조롱합니다. 내가 입을 열어 말을 할 때마다 '폭력'을 고발하고 '파멸'을 외치니, 주님의 말씀 때문에, 나는 날마다 치욕과 모욕거리가 됩니다. '이제는 주님을 말하지 않겠다. 다시는 주님의 이름으로 외치지 않겠다.' 하고 결심하여 보지만, 그때마다, 주님의 말씀이 나의 심장 속에서 불처럼 타올라 뼛속에까지 타들어가니, 나는 견디다 못해 그만 항복하고 맙니다."(렘 20:7-9)

결국 예레미야의 사역은 성공하지 못했다. 유다는 바벨론의 통치 아래 들어갔고, 바벨론의 왕 느부갓네살은 요시야의 막내아들 맛디니야를 시드기야라는 이름으로 바꾸어 꼭두각시 왕으로 앉혔다. 유다에게 주어진 마지막 기회였다. 그러나 시드기야는 이를 살리지 못했다. 예레미야는 주위의 온갖 조롱과 비난에도 불구하고 시드기야와 유대 통치자들에게 바벨론 왕을 섬기라고 충고했다. 그러나 유대 지도자들은 그 쓴 말을 외면했고, 마침내 예루살렘이 멸망할 때 시드기야는 참혹한 처벌을 받았다. 느부갓네살은 시드기야가 보는 앞에서 그의 아들들을 차례로 죽이고는 그의 눈을 빼고, 쇠사슬로 묶어 바벨론으로 끌고 갔다. 반면 유대 지도자들에 의해 투옥되었던 예레미야는 죽음의 감옥에서 풀려나 바벨론으로 가자는 제안을 받았다.

렘브란트는 이 이야기를 그리며 성서 외에 유대인 역사가 요세푸스가 기록한 『유대고대사』의 도움을 받아 예술적 상상력을 풍성히 하였다. 요세푸스에 따르면 바벨론의 왕은 예레미야를 풀어주는 데에 그치지 않고 그에게 온갖 값진 선물을 선사했다고 한다. 물론 바벨론에 가서 호화롭게 살자고 제안하기도 했다. 역사의 예레미야는 바벨론으로 가는 것을 거절했지만, 렘브란트의 예레미야는 선물을 주는 느부갓네살의 호의마저 야박하게 물리치지는 못한 것으로 나타난다. 그림 속 예레미야는 대단히 화려한 옷을 입고 있다. 회색빛의 긴 겉옷에는 잘 정돈된 털이 고급스럽게 붙어 있고, 안쪽에 입은 옷도 지나치지 않지만 고급스럽다. 그의 앞에는 금빛 나는 물건들이 놓여 있다. 그러나 좋은 옷을 입고 값진 재물을 쌓아놓은 예레미야의 모습에는 전혀 기쁨이 없다. 그는 도리어 비탄에 잠겨 있다. 밝은 빛이 예레미야의 오른쪽으로 들어와 그의 전신에 쏟아지지만 이로써 더욱 상세히 묘사되어 관람자에게 각인되는 것은 예레미야 얼굴에 새겨진 비통함이다. 화려한 옷을 걸친 채 빛에 쪼인 그 비통함은 빛이 만든 예레미야의 그림자보다 더 깊은 슬픔으로 도드라진다. 빛 속의 얼굴이 그림자보다 더 어둡다니……. 밝은 빛을 사용하여 슬픔에 깊이를 주는 솜씨가 놀라울 따름이다. 가만히 예레미야의 얼굴을 들여다보라. 어느 순간 그림 속 예레미야의 얼굴 표정을 따라하는 자신을 알아차리게 된다.

렘브란트의 이 그림을 다른 화가들의 작품과 구별해주는 또 다른 특징은 예레미야의 자세이다. 렘브란트의 예레미야는 오른손과 오른발을 모두 몸 뒤로 감추고 있다. 오른손과 오른발은 '힘'을 상징한다. 렘브란트의 예레미야는 '힘'을 잃은 조국의 모습을 상징적으로 보여준다. 그의 왼팔은 근심과 고민에 잠긴 턱을 괸다. 남아 있는 기력은 비통을 어렵사리 견뎌내는 데에 모두 쓰인다. 드러난 왼발은 빛을 받고 있지만 예루살렘의 멸망 이후 갈 목적지를 잃었다.

절망과 비탄 가운데 예레미야가 몸을 지탱한 책은 'Bibel,' 곧 성서이다.(물론 예레미야 당시 그림과 같은 코덱스 형태의 '성서'는 존재하지 않았다.) 사실 하나님이 예레미야에게 맡긴 말은 "맹렬하게 타는 불"이며 "바위를 부수는 망치"(렘 23:29)였다. 그 불과 망치는 '뽑으며, 허물며, 멸망시키며, 파괴' 하였다. 예레미야의 절망은 불과 망치 같은 하나님의 말씀이 그대로 이루어진다는 데에 있었다. 멸망을 기획하는 하나님의 뜻은 돌이켜지지 않았고, 그 진노를 불러일으킨 사람들의 반역은 치유되지 않았다. 예레미야는 하나님이 주관하는 비극적 역사 드라마에 악역을 담당한 것뿐인가?

예레미야는 정해진 불행에 슬퍼하지만 동시에 하나님이 맡겨준 말씀이 '세우며 심는' 것임을 확신하는 데에 희망을 걸었다.(렘 1:10) 그는 적의 손에 넘어간 친척의 땅을 사들이는, 동시대 사람들에게는 어리석어 보이는 매매계약을 맺는다. 그 예언자의 상징적 행동은―현대예술 개념으로는 퍼포먼스라 할 만한―심판의 말씀이 이루어졌듯이 회복의 말씀 역시 성취되리라는 희망을 극적으로 증거하려는 몸부림이다. 거짓 예언자들이 평강과 위로를 외쳐 사람들의 호응을 얻을 때 저주의 예언을 하던 그는 모두가 절망에 허우적댈 때 저 멀리에서나 이루어진다는 희망을 미리 앞당겨 살았다. 이른바 미래의 희망을 선취(先取)하며, 그 희망의 선율에 맞춰 미리 춤을 춘 것이다. 렘브란트의 예레미야는 비탄의 한가운데서도 "너의 앞날에는 희망이 있다."(렘 31:17)는 그 말씀, 그 말씀의 주인인 하나님께 소망을 두었고, 성서에 기대는 자세를 통하여 이러한 믿음의 희망을 표현한다. 하나님의 심판의 말씀은 절망을 주었지만 역설적으로 예레미야는 하나님의 회복 약속 외에 기대를 걸 다른 곳이 없었다. 그 희망은 몽환적인 꿈속이나 고요한 학자의 책상, 설교자의 강단이 아니라 불타는 예루살렘, 두 눈을 뽑힌 왕을 배경으로 탐색한 것이다.

예레미야와 같이 암울한 절망의 기운에 휩싸인 우리 역시 미래로부터 오는 하나님 외에 다른 희망을 어디서 찾아볼 수 있을까. "이스라엘의 구원은 진실로 주 우리의 하나님께만 있습니다."(렘 3:23) 이것은 불타는 성을 배경으로 한 희망의 믿음이자, 믿음의 희망이었다. 우리의 희망은 어디에 있는가? 우리를 절망케 한 하나님과 그분의 말씀에 있다. 몰트만(J. Moltmann)이 신학자를 "하나님 때문에 슬프고 하나님 때문에 기쁜 사람"이라고 한 것도 이러한 희망의 역설 때문일 것이다. 제2차 세계대전 포로생활 가운데 하나님을 만난 몰트만의 이 말은 포로생활의 선배인 예레미야의 절망과 희망의 역설을 적절히 설명해준다.

사도의 절망, 배신자의 희망

예레미야가 하나님의 말씀을 붙들고 나라의 운명 앞에 절망과 희망의 격동적 삶을 산 인물이라면 베드로는 하나님 나라로 초청하는 예수 그리스도의 부름 앞에 사도로서 좌절과 희망을 겪었다. 예수의 제자로 부름을 받기 전 어부였던 그는 격렬한 희망이나 절망과 별 관련 없는 인물이었다. 공고(鞏固)한 절망에 익숙한 이였다고 말하는 편이 적절하다. 습관이 된 체념적 삶에 '변화'나 '변혁'은 실소(失笑)와 함께하지 않으면 입 밖으로 내뱉을 수 없는 말들이었다. 그러던 중 게바의 단단하고 무미건조한 삶에 균열이 일어났다. 갈릴리 바다라는 베드로의 일상의 배경 속에 예수가 나타나 기적을 보여

그림 3 렘브란트, 〈예수와 베드로의 만남, 기적적으로 물고기를 잡음〉
1655, 펜과 브러쉬 드로잉, 18×19.2cm, 파리, 루브르 박물관

준 것이다. 누가의 보도에 따르면 한밤 동안 허탕을 친 베드로에게 예수는 기적적으로 두 배 가득 물고기를 안긴다. '그림 3'은 이 장면을 보여준다. 그림 오른편 세 명은 배에 가득한 물고기를 처리하느라 정신이 없다. 그러나 이 횡

재의 순간 베드로는 예수에게 말한다. "나를 떠나주십시오. 나는 죄인입니다. 오, 주님!"(눅 5:8) 그는 시간차 때문에 예수를 만나면 부를 얻는다는, 그리고 그 소득의 십일조를 바치면 더욱 번성해진다는 오늘날 일부 목회자들의 설교를 듣지 못했다. 그 설교를 들었다면 두 배에 가득한 물고기의 십일조, 아니 십의 이, 삼조를 바쳐 자신이 예수를 만났다는 것을 방증(傍證)하고, 그에게 머물러줄 것을 요청하며 그 부를 누리면서 이웃을 도와 '이기적 이타심'도 충족케 하려는 계획을 세웠을 것이다. 그러나 그는 '어리석게도' '로또 예수'를 향해 자신을 떠나달라고 한다. 자신을 죄인이라고 자인하면서 말이다. 렘브란트는 베드로의 간구가 간절했음을, 두 손을 꼭 모으고 머리를 조아리는 베드로의 자세를 통해 보여준다. 이후 다른 그림에서도 보겠지만 이는 회개나 간절한 바람을 표현할 때 렘브란트가 즐겨 사용하던 자세이다. 그런데 베드로는 무슨 죄를 지었기에 스스로를 '죄인'이라고 규정하면서 하나님의 능력을 현시하는 예수가 떠나주기를 바랐을까?

그 죄를 규명하는 일은 어렵지 않다. 그것은 하나님의 구원을 기대하지 않은 죄이다. 하나님의 능력을 신뢰하지도 않고, 그의 회복을 소망하지도 않은 죄이다. 하나님의 미래보다는 인간의 현재를 '믿으며' 그저 일생을 체념과 자조(自嘲) 속에 안주하려고 한, 간혹 못 견디게 찾아오는 비애를 달래려고 한 죄이다.

> 너의 죄는 비애를 길들이려 한 것이다. 생의 단 한 순간에도 길들여지지 않는 비애는 그을린 태양 아래 거칠고 긴 숨을 내쉬며 가만히 누워 있다.
>
> —조용미, 〈검은 담즙〉 중에서

그런 그에게 하나님의 통치의 현현은 감당할 수 없는 사건이었다. 그러나 예수는 '떠나달라는' 어부 베드로에게 '사람을 낚는 어부'(눅 5:10)로 만들어주겠다고 선언한다. 모든 것을 아래로 끌어당기는 인생의 바다에서 간신히 숨 붙어 있는 사람들을 낚는 어부, 그건 애당초 갈릴리의 어부가 꿀 수 있는 꿈은 아니었다. 그는 한낮에 바다 깊은 곳에 가서 사람을 낚을 그물을 내려야 하는 어부로 부름을 받았다. 윤똑똑이의 '현실적' 계산으로는 답이 나오지 않는 삶으로 부름을 받은 것이다. 베드로는 '그물'이라는 생계 수단을 내던지고 예수를 따라 사도가 되었다.

이후 베드로는 예수를 따르면서 하나님의 통치란 무엇인가를 듣고, 기적을 통해 통치의 실재함을 경험했으며, 치유를 통해 그 통치가 사람들의 삶을 아름답게 함을 배웠다. 그런 그의 가슴에는 이전의 절망의 크기를 넘어선 희망이 한껏 부풀어올랐을 것이다. 그러나 그가 오해해서는 안 될 것이 있었다. 하나님 통치의 능력은 자신에게서 나오지 않으며, 하나님의 능력이 아니라 자기 자신이나 주변의 위협에 눈을 돌린다면 놀랍게도 그 통치의 능력은 아지랑이처럼 사라져버림을. 그 가르침 역시 바다와 배에서 이루어졌다.

예수는 하나님 통치에 관한 가르침과 기적, 그리고 치유를 위해 모여든 무리를 돌려보내면서 제자들에게 먼저 배를 타고 바다 건너편으로 가라고 재촉하였다. 무리를 보낸 후에도 예수는 산에 올라 기도한 후 배가 육지에서 수 리를 떠나 바람과 거친 물결에 시달릴 때 바다 위를 걸어서 제자들에게로 갔다. 때는 새벽 어두울 때였고 제자들은 예수를 유령으로 오인하여 무서워하고 소리를 질렀다. 베드로는 물 위를 걸어오는 예수를 보고 외쳤다. "주님, 만일 그대시거든 나에게 명령하셔서 물 위로 걸어오라고 명령하십시오."(마

그림 4

그림 5

그림 4 렘브란트, 〈빠져가는 베드로를 구하는 예수〉, 1632
펜과 잉크 드로잉, 16.8×26.5cm, 영국, 브리티시 박물관

그림 5 렘브란트, 〈빠져가는 베드로를 구하는 예수〉
1658-1660, 드로잉

14:28) 예수의 허가가 떨어지자 베드로는 격랑의 바다 위로 발을 내렸다. 그는 물 위로 걸을 수 있었다! 그러나 몇 걸음이나 걸었을까? 거대한 물마저 가볍게 희롱하는 바람의 힘이 베드로의 눈에 급작스럽게 발견되었다. 물 위로 걷던 베드로는 가라앉기 시작했고, 자신을 구원해달라고 예수께 요청하기 시작했다. '그림 4'와 '그림 5'는 각각 그 장면을 그린 작품이다. 이 두 그림은 20년 이상의 차이를 두고 그려졌다. 하여 여러 곳에서 차이가 눈에 띈다. 그중에서도 각기 다른 베드로의 모습이 두드러진다.

초기 작품의 베드로는 구해달라는 청원의 다급함보다는 무엇인가를 뉘우치는 모습이다. 걸어오라는 예수가 아니라 풍랑을 바라본 자신을 자책하는 듯하다. 반면 후기 작품에서 베드로는 예수의 오른팔을 필사적으로 붙든다. 후기의 렘브란트는 구원자가 예수밖에 없음을 강조하려고 하였다. 이는 다른 화가들과는 달리 렘브란트가 상상력을 발휘해 묘사한 장면의 차이에서도 발견할 수 있다. 렘브란트는 두 작품에서 모두 배에 있던 사람 중 한 명이 베드로를 구하러 내려오는 장면을 그려넣었는데, 그 둘 사이에는 차이가 있다. 전기 작품에서 베드로를 구하러 오는 사람의 몸은 배 밖으로 완전히 나와 있다. 반면 후기 작품에서 그 역할을 담당하는 이는 단지 다리 하나만을 배 밖으로 걸친다. 전기 작품과는 달리 후기 작품에서 베드로를 구하러 오는 사람은 주저하는 듯 보인다. 이를 통해 렘브란트는 베드로가 자신의 구원을 위해 모든 희망을 걸어야 할 대상은 사람이 아니라 오로지 예수임을 보여준다. 예수는 물 위를 걸었으나 바람을 보고 무서움에 떤 베드로의 '작은 믿음'을 꾸짖는다.(마 14:31) 새로운 현실을 살아보겠다는 베드로의 초심이 그리 견고하지 않음이 드러났다. 그러나 교회의 반석이 될 만한 고백을 한 베드로, '사

그림 6 렘브란트, 〈예수를 모른다고 부인하는 베드로〉, 1660, 캔버스에 유화
154×169cm, 암스테르담, 레이크스 미술관

도 베드로'가 겪은 스스로에 대한 절망의 절정은 예수에게 닥친 죽음의 심판 자리에서 일어났다.

예수의 거듭된 수난 예고에 베드로는 발끈했다. 처음에 베드로는 그런 일이 있어서는 안 된다고 맞서다가 예수에게 사탄이라는 비판을 받았다. 이후 죽음을 향한 길에서 예수가 돌이키지 않으려는 것을 깨닫고는 예수에게 죽음의 현장까지 자신이 함께 가겠노라고 장담한다.(눅 22:33) 그러나 예수는 으뜸 제자격인 베드로의 호언을 신뢰하지 않는다. 닭이 울기 전에 세 번 부인할 것이라고 예언하면서.(눅 22:34) 예수의 예언이 맞았다. 예수는 유대인 지도자들에 의해 잡혀 대제사장의 집으로 심문을 받으러 끌려갔다. 사도 베드로는 예수를 멀찍이 따라 그 집에 들어가 자신을 사람 낚는 어부로 만들어준 선생의 운명과 가까이하려고 했다. 그러나 그 작은 용기도 얼마 가지 못했다. 집의 한 여종이 불빛을 향하여 앉은 베드로를 보고 그가 예수의 제자임을 알아챘다. 하지만 예언대로 베드로는 자신과 예수의 관계를 부정했다. 이후 두 번이나 그러한 일이 반복되었고 곧 닭이 울었다. 누가는 다른 복음서와는 달리 닭이 우는 그때 예수가 돌이켜 베드로를 보았다고 전해준다.(눅 22:61) 쉼 없는 심문 중에 예수는 어떻게 베드로를 보았을까? 렘브란트는 이 묘한 장면을 누가복음서 이야기를 따라 그렸다.(그림 6)

여종은 모닥불이 아니라 들고 있는 촛불로 베드로를 살핀다. 렘브란트 그림에서 빛은 으레 은총이나 사랑 혹은 위로부터 내려오는 신의 뜻을 의미하지만 여기서는 베드로의 정체를 탐색하는 도구이다. 여종의 손에 들려 있는 촛불이라도 그 빛은 진실을 밝혀준다. 여종과 이후 두 사람의 주장대로 베드로는 예수와 한 패, 곧 하나님의 통치라는 한 멋진 삶의 꿈을 같이 꾸었다. 그러나 이전에 격랑의 파도를 만드는 바람을 보고 무서워하던 베드로는 여종 옆에서 갑옷을 벗고 쉬고 있는 군인에게 또다시 두려움을 느끼며 예전의 그를 절망케 했던 '바다'로 빠져 들어갔다. 렘브란트는 여종과 베드로 사이의 빛 외에 군인의 투구와 갑옷, 그리고 칼과 그의 얼굴을 뚜렷하고 번쩍이게 그린다. 그것이 지금 베드로의 눈에 보이는 바다를 흔드는 '바람'이다. 이전에 어부 베드로에게 익숙했던 '현실', 예수에 의해 부름을 받고는 호기롭게 부정했던 그 '현실'이다. 어부 베드로는 '사도' 베드로가 되면서 자신을 숨죽이게 한 그 인간의 현실이 무지개처럼 화려하지만 이내 사라지리라고 여겼을 것이다. 그러나 사도가 되어 예수의 심문 자리에 몰래 숨어들어온 그에게 그 무지개는 연무처럼 사라지지 않고 도리어 강고하게 자신의 꿈을 흩어버렸다. 이육사의 표현을 빌리자면 그 무지개는 '강철로 된 무지개'였나보다. 번쩍이며 눈에 또렷이 보이는 저 갑옷, 예전 어부 베드로에게 절망과 체념, 낙담과 좌절을 익숙하게 했던 저 투구 앞에 베드로는 다시 '바다' 밑으로 가라앉는다. 하지만 그의 구세주는 이번에는 그의 등 뒤에 있다. 예수는 고개를 돌려 물 밑으로 빠져가는 베드로를 보지만 지금은 구해줄 수 없다. 이것이 사도 베드로가 다시 맞은 절망이다. 기껏 떨쳐 일어난 희망이 거꾸러졌다. 닭 우는 소리에 밖으로 나가 심히 통곡한(눅 22:62) 배신자에게 희망은 있는 것일까? 그것이 가능하다면 희망은 어디서부터 올까?

말이 되냐고 되물을 수 있지만 배신자의 희망은 하나님 앞에서 절망하지 않는 데에 있다. 몰트만은 절망, 체념, 게으름과 비탄은 하나님과 같이 되려고 한 교만의 다른 측면임을 지적했다. 옳은 말이다. 희망의 상실이 죄이다. "하나님은 인간을 자신의 약속에 합당한 존귀한 존재로 여기셨건만, 인간은 자신에게 주어지는 기대를 신뢰하지 않는다."(몰트만) '사람을 낚는 어부'로 만들어주겠다는 예수의 약속이 아직 베드로에게 이루어지지 않았다. 베드로는 그 약속이 이루어지기 전에 미리 절망하지 말아야 한다. 배신자라도 여전히 하나님의 기대 안에, 예수의 약속 안에 살아야 한다. 배신자 베드로는 자신의 삶에 대해 모든 것이 끝났다고 선언해서는 안 된다. 그에게는 그럴 권리가 없다. 베드로보다 적극적으로 배신을 도모한 가룟 유다의 근원적 죄 역시 배신 그 자체라기보다는 하나님의 은혜와 변화시키는 능력을 무시하고 스스로 절망한 데에 있다. 그러나 이 말은 결코 이 모든 일이 별거 아니니 가볍게 털고 일어나라는 값싼 격려는 아니다. '그림 7'의 베드로처럼 최소한 다음의 과정을 겪어야 한다.

먼저 하나님 앞에 서야 한다. 하나님과 그의 말씀을 들으려 무릎을 꿇어야 한다. 둘째, 배신자는 열쇠를 내려놓아야 한다. 알다시피 하나님은 베드로에게 예수에 대한 참된 인식을 허락했고, 예수는 그에게 하늘나라의 열쇠를 선사했다. 물론 그 열쇠는 땅과 하늘 사이에 매고 푸는 권세를 의미하는 상징이다. 하늘의 온갖 복과 상, 그리고 지혜와 권세가 이 열쇠로 열리고, 땅에서 올리는 간구는 열쇠로 열린 하늘에 상달된다. 이후 열쇠는 베드로를 알리는 상징물이 되었다. 그러나 하나님 앞에서 배신자가 무릎을 꿇을 때 그 열쇠를 땅에 내려놓아야 한다. 땅 한 쪽에 놓인 열쇠는 렘브란트가 의식적으로 경쟁하고자 한 20여 년 전 루벤스의 그림을 비롯해 다른 작품들과 사뭇 대조된다. 루벤스는 베드로의 오른손에 하늘을 향한 열쇠를, 왼손에 땅을 향한 열쇠를 들게 하였다. 그러나 렘브란트의 베드로는 열쇠를 차마 손에 들고 있지 못한다. 그는 지금 희망을 구하는 중이다. 열쇠를 쥐었던 손을 마주 잡아야 한다. 그는 지금 위대한 사도 베드로가 아니라 하나님 앞에서 희망을 구하는 사람일 뿐이다. 베드로의 회개 모습은 거의 같은 시기인 1627년 〈회개하는 사도 베드로〉를 그린 쿠이프(Jacob Cuyp)의 것과 비교할 때도 독특한 특징이 드러난다. 쿠이프의 베드로 역시 열쇠는 성서 아래 놓아두고, 두 손을 마

그림 7 렘브란트, 〈감옥 속에 있는 베드로〉, 패널에 유화
59×47.8cm, 예루살렘, 이스라엘 박물관

주 잡는다. 그리고 그 베드로는 위를 올려다보며 '회개'한다. 그러나 렘브란트의 베드로는 차마 고개를 들지 못한다. 그는 한쪽 무릎을 꿇은 채 비통에 잠겨 있다. 이 장면은 바리새파 사람과 세리의 비유(눅 18:9-14)에 나오는 세리의 회개를 떠오르게 한다. 세리는 사람들과 떨어져 멀찍이 서서 하늘을 우

러러볼 엄두도 못 내고 가슴을 치며, '아, 하나님, 이 죄인에게 자비를 베풀어주십시오.'라고 하였다. 예수의 심문장에서 사도는 절망했지만, 통곡하던 배신자는 열쇠를 내려놓고 무릎을 꿇으며 비통한 가운데 자신도 모르게 하나님의 희망을 발견할 것이다.

믿음은 희망 속에서 자신을 새롭게 하며, 사랑은 희망을 통해 힘을 얻는다. 그리스도인은 헛된 자랑과 무익한 절망의 탄식이 아니라 희망 속에서 삶의 아름다움을 가꾸어간다.

10

늙은 아버지의 사랑과 슬픔

:: 배경이 되는 말씀

누가복음서 15:11-32

누가복음서 15:11-32는 이른바 '탕자의 비유'로 불린다. 이 비유는 예수의 비유 가운데 '선한 사마리아인의 비유'와 함께 가장 널리 알려진 비유이다. 그러나 이 비유에 관한 삽화가 들어간 성서화는 11세기에 가서야 발견된다. 탕자라 불리는 작은아들이 머문 사창가 혹은 유흥가를 성서에 그려넣기가 쉽지 않았기 때문이다. 15세기 뒤러(Albrecht Dürer)와 같은 위대한 화가의 작품이 없진 않지만, 16-17세기 유럽 북구 지역 화가들에 이르러서야 이 이야기가 주는 영감이 상상력 넘치게 표현되었다.

렘브란트가 살던 시기의 네덜란드는 경제, 종교적 측면에서 역설적 상황에 놓여 있었다. 종교의 자유는 있었지만 대개 칼뱅주의적 경건성이 정신적 가치를 대변했다. 반면 자본주의의 최첨단 국가로서 넘쳐나는 부와 번영은 사치와 퇴폐를 불러왔다. 이른바 유흥 산업(Merry Company)도 크게 발전했다. 먹고 마시고 춤추고 노래하며 술집이나 가정에서 쌓아놓은 부를 즐겼다. 칼뱅주의적 신앙을 가진 이들은 이러한 행동을 매우 격렬히 비난했는데, 몇몇 화가들은 동시대의 '유흥' 모임을 묘사하면서 '탕자의 비유' 주제를 끼워넣었다.(그림 1) 유흥에 대한 칼뱅주의적 비판이자 풍속화인 셈이다.

그림 1 얀 산데르스 반 헤메센, 〈유흥산업〉, 1640
패널에 유화, 29×45cm, 베를린 국립미술관

이 그림에 등장하는 여인들은 술을 마시고, 싸움을 하며, 과감하게 성적 욕구를 표현한다. 반 헤메센 역시 유흥 산업의 주제와 탕자의 비유 주제를 분리하지 않았다.

렘브란트는 자신을 경건 한 편에 세우고 짐짓 근엄한 체하지 않았다. 애당초 방앗간집 아들에게 지켜야 할 명예나 위엄은 많지 않았다. 대신 자신과 자신의 욕구, 그리고 자신이 속한 사회를 성찰했다. 그리고 솔직했다. 그는 파산하기 전까지 예술에 필요한 일이라는 명목으로 사치와 '적절한 타락'을 누렸다. 우리는 이미 그의 〈탕자로 분한 렘브란트와 사스키아〉(1635)를 보았다. 렘브란트는 사치와 같은 자신의 행태가 당시 사람들에게 '탕자'로 비난받을 수 있음을 알았다. 그러나 그는 자신을 탕자로 자인(自認)하고, 거기에 그치지 않았다. 자신 안의 '탕자'를 인정하면서 동시에 그 이야기가 가진 뜻이 무엇인지를 깊이 생각했고, 그 결과 이 주제와 관련된 일련의 작품들이 탄생하였다.

소위 탕자 이야기를 그린 렘브란트의 작품들에는 믿음과 희망 외에 그리스도인의 삶을 움직이는 또 다른 원동력에 대한 성찰이 드러난다. 이는 사랑인데, 우리는 렘브란트가 그려낸 〈늙은 아버지의 사랑과 슬픔〉을 통해 우리 삶에 배인 사랑과 슬픔을 말하고자 한다.

〈늙은 아버지의 사랑과 슬픔〉 비유의 배경과 이전의 두 비유

누가복음서에서 예수는 "인자는 잃은 것/잃은 자를 찾아서 구원하러 왔다."(눅 19:10)고 선언한다. 예수는 잃어버린 사람들, 당시에 세리와 죄인들을 찾아다녔고 그들을 하나님의 백성으로 혹은 아브라함의 자손으로 회복하고자 하였다. 그러나 잃어버린 것/사람을 찾고 또 구원하려는 예수의 길은 그 당시 주도적 정파의 프로그램과 부딪혔다. '바리새인과 서기관'으로 대변되는 유대인 지도자들은 죄인을 영접하고 음식을 함께 먹는 예수의 행태를 강력히 비판했다. 그러나 그들의 비판과 행적을 섣불리 비난해서는 안 된다. 그들에게도 나름 진지한 삶의 원칙이 있었기 때문이다. 한 학자는 그들의 원칙을 이른바 '거룩함의 정치학'이라고 부른다.

바리새인들은 모든 유대인들이 일상생활에서 제사장 정도의 정결과 거룩함을 유지하여야 한다고 믿었다. 그들의 주장은 이스라엘 자손들을 향해 "너희는 거룩하라 이는 나 여호와 너희 하나님이 거룩함이니라."(레 19:2)고 명령한 하나님의 말씀에 근거를 두었다. 이를 달성하기 위해 그들은 정결법을 더욱 강조하고, 속되고 부정한 것에서 사람들을 분리하고자 했다.('바리새'라는 말 자체가 '분리'라는 뜻이다.) 바리새인들이 보기에 이방인들과 접촉하고 협조하여 스스로를 더럽히는 세리나 하나님의 율법을 어겼다고 간주되는 '죄인'들은 거룩한 공동체에서 배제되어야 할 누룩과도 같은 존재였다. 예수는 정확히 그들의 정결 프로그램을 훼방하는, 간신히 깨끗이 한 청정 연못에 쓰레기들을 다시 가져오는 인물이었다. 그러나 예수는 그들의 가상한 생각을 알면서도 그들과는 다른 길을 걸었다. 동시대에 살던 예수와 바리새인들의 지향점은 어떤 이유에서 서로 맞부딪쳤을까? 바리새인과 서기관들의 힐책에(눅 15:1-2) 대해 예수가 응대한 누가복음서 15장에 기록된 세 가지 비유에 그 대답이 있다.

예수가 말한 세 가지 비유는 각기 특징과 다양성이 있지만 거기에는 공통된 주제가 흐른다. 그것은 한 공동체 혹은 무리의 회복이다. 양 아흔아홉 마리와 잃은 한 마리 양은 원래 백 마리였던 양의 무리로 복원되어야 한다.

잃어버린 드라크마 한 닢은 나머지 아홉 드라크마와 함께 열 드라크마를 이루어야 한다. 집을 나간 둘째아들과 집으로 들어가기를 꺼리는 큰아들 모두 아버지가 베푼 잔치에 참여함으로써 가족을 회복해야 한다. 이 회복은 놀라운 기쁨으로 축하받으며, 그 회복을 위해서는 이해할 수 없는 행동이 감행된다.

예수가 거룩함의 정치학을 내세운 이들의 비난에 대해 이러한 비유를 펼쳐 보인 내면에는 그가 분리주의적 거룩함보다는 사랑을 통해 회복을 원하는 하나님 체험이 있었을 것이다. 거룩함의 요구 자체가 잘못된 것은 아니다. 그러나 거룩함을 달성할 때에도 예수는 분리를 통한 거룩함이 아니라 회개와 사랑, 그리고 이를 통한 회복으로 거룩함이 가능해진다고 믿었던 것 같다. 레위기 19:2가 바리새인들의 근거 구절이었다면 예수는 요엘서 2:12-14를 자신의 언행의 주춧돌로 삼았다. "'지금이라도 너희는 진심으로 회개하여라. 나 주가 말한다. 금식하고 통곡하고 슬퍼하면서, 나에게로 돌아오너라. 옷을 찢지 말고, 마음을 찢어라.' 주 너희의 하나님께로 돌아오너라. 주님께서는 은혜롭고 자비로우시며, 오래 참으시며, 한결같은 사랑을 늘 베푸시고, 불쌍히 여기는 마음이 많으셔서, 뜻을 돌이켜 재앙을 거두기도 하신다. 행여 주님께서 마음과 뜻을 돌이키시고 오히려 복까지 베푸셔서, 너희가 주 하나님께 곡식 제물과 부어드리는 제물을 바칠 수 있게까지 하실는지 누가 아느냐?"

예수는 요엘보다 더 나아간다. 세 가지 비유에서 예수가 무엇인가를 잃어버린 목자나 여인, 그리고 아버지에 빗댄 하나님 상은 전통적인 자비의 하나님, 긍휼의 하나님 상으로 포괄할 수 없는 독특성이 있다. 소수의 학자들만이 이에 주목했다. 비유를 통해 드러난 예수의 하나님은 꼼꼼하고 무결하여 어떤 실수도 저지르지 않는 완벽주의자가 아니다. 예수의 하나님은 어딘가 모자란 듯하다. 잃은 양을 찾는 목자의 비유에서와 같이 하나님은 구약성서에서 종종 이스라엘을 돌보는 목자로 은유된다. 그러나 비유 속 목자는 한 마리 양을 잃어버리고 그것을 찾아 정신없이 이리저리로 분주하게 다니는 목자이다. 목자는 한 마리 양을 찾는 데 정신을 쏟은 나머지 아흔아홉 마리의 양을 들짐승과 도적의 위협에 노출된 '들'에 두고 만다. 이와 같은 비계산적 혹은 몰상식한 행동을 변명하느라 그 목자가 다른 목자에게 양을 맡겨두었을 것이라는 등 여러 이론이 개발되었다. 그런 식의 이론은 목자의 행동을 합리적으로 만들어주기는 하지만 비유가 가진 파격과 도발을 흐리게 한다. 비유 속 목자는 비유에서 묘사된 그대로 아흔아홉 마리의 양을 들에 두고 한 마리를 찾아나섰고, 그것을 찾았을 때 자신의 벗과 이웃을 불러 잃은 양을 찾아 얻었을 가치보다 더 많은 비용을 써야 할 잔치를 계획한다. 안타까움과 기쁨에 합리성을 놓아버린 뭔가 어설픈, 아니 엉뚱한 목자이다. 아니, 그 목자의 덤벙댐은 양을 잃어버린 이야기의 시초에 놓여 있다고도 할 수 있다.

우리나라 한 대형 교회의 수양관에는 절벽에 직면한 웅덩이에 한 마리 어린 양이 꼼짝 없이 갇혀 있고 목자가 손을 뻗어 그 양을 구해내려는 장면을 담은 조각이 있다. 20여 년 전 그 조각을 보았을 때 나는 그것이 하나님의 사랑과 구원 의지를 보여준다고 생각했다. 조각가의 의도도 그러했을 것이다. 그러나 그때 옆에 있던 한 친구가 그 조각에 대고 이렇게 비꼬았다. "아니 양이 저 지경이 되도록 목자는 도대체 뭐하고 있었대?" 양이 그 지경이 될 때까지 몰랐던 목자는 이제 그 양을 구한답시고 아흔아홉 마리를 들에 두고 있다.

비유 속 목자는 안타까움과 되찾은 기쁨으로 가득 차 기초적인 산술 계산도 하지 않는 목자이다.

두 번째 비유는 하나님을 여성에 빗댄다. 하나님을 여인에 빗댄 것이 완전히 새로운 것은 아니지만, 구약에서 하나님이 여인의 심상으로 처리될 때는 주로 하나님의 모성성을 드러내기 위함이었다. 그러나 이 비유에서 하나님과 연결되는 여인은 따뜻하고 포용하는 여성이 아니라 드라크마를 잃어버린 여인이다. 예수 당시 여자들은 시집을 갈 때 얼마간의 지참금을 가져갔는데, 아마도 열 드라크마는 비유 속 여인의 지참금이었을 것이다. 열 드라크마는 노동자의 열흘 치 임금에 해당하는데, 이를 통해 우리는 그 여인이 가난한 집안 출신임을 알 수 있다. 그런데 가난한 여인이 지참금 중 일부를 잃어버렸다. 그러니 등불을 들고 집안을 찾을 수밖에. 시집간 집도 가난한 집이라면 조그만 창문에 들어오는 빛 역시 조금일 것이고, 낮에도 손 등불을 켜야 했을 것이다. 집 바닥은 울퉁불퉁한 돌바닥이었을 테니 빗자루로 집안 곳곳을 쓸면서 바닥 돌 틈에 낀 주화를 찾아야 한다. 이 여인 역시 잃어버린 드라크마를 찾고는 대단히 기뻐하여 벗과 이웃을 불러 잔치를 벌이고자 한다. 이전 비유의 목자와는 성(性), 잃어버린 물건, 그리고 장소가 다르지만 이 여인도 잠언에서 금보다 귀하다는 '현숙한 여인'과는 거리가 멀다. 그런데 예수는 하나님의 심정을 덜렁대는 '불량주부'의 그것과 견주어 비유를 전개한다. 그 주부는 자신의 적은 소유도 칠칠맞지 못하게 잃어버리고는 그것을 찾아내자 기쁨에 겨워 더 큰 지출을 감행한다. 아무래도 기존의 하나님 상하고는 사뭇 다르다. 〈늙은 아버지의 사랑과 슬픔〉 비유도 그런 맥락에서 시작된다.

집에 남은 탕자, 집을 떠나는 탕자,
늙은 아버지의 사랑과 슬픔

비유는 두 아들을 둔 어떤 사람의 이야기이다. 작은아들은 불현듯 아버지에게 자신에게 할당된 유산을 미리 달라고 요구한다. 굳이 고대 지중해 세계의 문화를 더듬지 않더라도 작은아들의 요구는 매우 불손하게 보인다. 이런 요청은 그 시대 문화에서 아버지가 빨리 죽기를 바라는 기원과 다를 바 없다. 당시 가부장제 사회에서 보통의 아버지라면 그런 아들을 개인적으로 때릴 수도 있고, 나아가 율법에 따라 공개 처형에 내어줄 수도 있었다.(신 21:18-21) 그러나 이 비유에 등장하는 아버지는 놀랍게도, 아니 대단히 어리석고 무르게도 작은아들은 물론 큰아들에게도 재산을 나누어준다. 그 장면을 소묘한 렘브란트의 '그림 2'를 보자. 화면 왼편으로 아버지가 책상 앞에 앉아 있고, 작은아들은 펜을 들고 무엇인가를 쓴다. 큰아들로 보이는 사람은 둘 뒤에서 그 장면을 지켜본다. 화면 오른편에는 말이 보이는데, 렘브란트는 이를 통해 작은아들의 몸은 책상 앞에 있지만 마음은 벌써 말 등 위에 올라가 먼 나라로 떠날 채비를 끝냈음을 알린다.

'그림 2'에서 가장 특징적인 부분은 작은아들이 서류에 무엇인가를 쓰는 것이다. 만약 유산을 주는 일이라면 아버지가 서류를 작성하고 서명하는 모습이 자연스럽다. 그렇다면 작은아들은 왜 펜을 들고 있을까? 감상자는 상상력을 동원할 수밖에 없다. 작은아들이 아버지에게 유산을 받았다고 영수

그림 2 렘브란트, 〈자신의 유산을 받아내는 작은아들〉, 연도 미상, 드로잉.

증을 써주는 것일까? 그것은 아닐 것이다. 아마도 떠나려는 작은아들을 조금이라도 더 잡아두고 싶은 마음에 아버지가 미적거렸고, 작은아들은 굼뜬 아버지를 참지 못하고 아버지 손에 들린 펜을 빼앗아 대신 서명하고 있는 듯하다. 밖에 매여 있는 말을 통해 암시된 다급한 작은아들의 마음을 미루어보면 충분히 가능한 설정이다. 재산도 펜도 빼앗긴, 엄부(嚴父)와는 거리가 먼 아버지는 그저 아무것도 못하고 가만히 앉아 있을 뿐이다. 뒤에 있는 큰아들 역시 그 장면을 보고만 있는데, 장남도 동생의 못난이 짓을 막을 의향이 없다. 상속자가 둘뿐이라면 장남은 3분의 2, 차남은 3분의 1을 받았을 것이고, 동생

그림 3 렘브란트, 〈집을 떠나는 탕자〉, 1634, 드로잉

의 만행을 방치함으로써 비유 속 형은 은근슬쩍 덕을 보았다. 그러니 애당초 그 집에는 탕자가 둘 있었다고 말하는 편이 적절하다. 하나는 노골적인 탕자요, 다른 하나는 음흉한 탕자이다.

율법에 따르면 자식들에게 재산의 몫을 지정해주고 유산을 물려준다고 해도 아버지가 살아 있을 동안에 재산은 아버지의 관리 밑에 있었고, 그로부터 나오는 이익도 아버지의 몫이었다. 그러나 작은아들은 율법의 규정에 매이지 않았다. 그는 자신의 몫을 받자마자 며칠이 안 되어 그것을 정리했고, 자신에게 주어진 재물을 다 모아 먼 나라로 떠나려고 하였다. '그림 3'과 '그림 4'는 집을 떠나는 작은아들을 소묘한 작품이다.

1634년 작품과 1650년대 작품의 묘사는 다소 다르지만 공통점이 더 많다. 먼저 작은아들은 의기양양해 있다. '그림 3'의 작은아들은 큰 모자를 쓰고 긴 칼을 찬 채 환한 표정으로 한 발을 들어 말에 오르고 있다. '그림 4'는 작은아들의 모습을 선명히 그리지는 않지만 그 역시 말에 오르는 중이다. 반면 창문 밖으로 고개만 삐죽 내민 집에 남은 탕자, 곧 큰아들은 두 그림에서 모두 화면 오른편 위에 자리 잡고 있다. 집의 다른 이들이 작은아들을 배웅하려는 것과 비교하면 그는 동생이 떠나는 일에 무관심하다. 두 탕자들 사이에는 늙은 아버지가 있다. '그림 3'의 아버지는 단지 뒷모습만 보이고 있다. 렘브란트는 아버지의 슬픈 마음이 담긴 표정이나 몸짓을 1634년 당시에는 적절히 고안해내지 못한 것일까? 아니! 보이지 않는 얼굴보다 슬픈 얼굴이 어디 있을까. 멈춘 듯한 뒷모습만큼 애절한 게 어디 있을까. 감상자는 긴 옷과 모자로 감싼 아버지의 얼굴에 흐르는 눈물을 읽을 수 있다. 물러터진 아버지의 눈물을 보는 이들은 갑갑함과 안타까움을 동시에 느낀다. 감상자들은 우유부단한 아버지 대신 작은아들을 향해 "너, 못 간다!"라

그림 4 렘브란트, 〈집을 떠나는 탕자〉, 1650년대, 드로잉

고 외치고 싶어진다.

반면 감상자는 '그림 4'에서 아버지의 정면을 볼 수 있다. 길게 기른 수염마저 무거운 듯 혹은 마음이 무너진 듯 늙은 아버지는 왼손으로 벽을 짚고 쓰러질 듯한 몸을 지탱한다. 오른팔은 뒤쪽에 숨겨져 정확히 보이지 않는데, 아마도 그 팔도 벽을 짚었을 것이다. 그러나 '그림 4'의 작은아들은 이미 아버지에게 등을 돌렸다. 주변은 부산하지만 관객은 가운데 자리한 아버지의 물컹한 슬픔을 만질 수 있다. 근자에 소개받은 김춘수의 시 한 대목이 떠오른다.

> 사랑하는 나의 하느님, 당신은
> 늙은 비애(悲哀)다.
> ― 김춘수, 〈나의 하느님〉 중에서

왜 예수의 비유에 나온 하나님을 빗댄 아버지는 그토록 똑 부러지지 못한가? 율법에 따라 사람을 정확히 재단하고, 이렇게 저렇게 하라고 명확하게 명령을 내리며 권위와 능력을 행사하지 못하는가? 어떻게 못난 자식들에게 번번이 당하고만 있는가? 왜 예수의 아버지 하나님은 바리새인들의 하나님처럼 거룩하라고 명령하며 세리와 죄인들에게 무시무시한 추방령을 내리지 않는가? 도리어 그 하나님은 탕자들에 의해 모욕당하며 슬퍼하고 있는가? 죽은 듯 온갖 조롱에도 침묵하고 있는가?

집으로 돌아온 탕자, 집으로 들어가지 않는 탕자, 늙은 아버지의 사랑과 슬픔

비유는 일단 집을 떠난 둘째 탕자 이야기에 집중한다. 둘째 아들은 '먼 나라'로 간다. 아버지의 손길이 미치지 않는 곳, 경제, 문화적으로 좀 더 세련되고 풍족한 곳으로 찾아갔는지 모른다. 아버지를 떠나 잘 살아보겠다고 결심했는지 모르지만 그것은 쉽지 않았다. 그곳에서 그는 허랑방탕하며 재산을 낭비했다.(눅 15:13) 『개역한글판』과 『개역개정판』에서 '허랑방탕하다'로 번역된 '아소토스'(asōtōs)는 삶의 규범을 저버린 무분별함, 엉성함, 분방함을 뜻한다. 큰아들은 이를 두고 자신의 동생이 창기와 함께 아버지의 재산을 삼켜버렸다고 비난한다.(그림 5)

규모 없이 관리한 재산이 오래갈 리 없다. 마침 그때 작은아들이 머문 나라에 큰 흉년이 들었다. 의기양양하던 작은아들은 그 나라 사람에게 몸 붙여 살아야 했다. 그에게 맡겨진 일은 돼지를 치는 일이었고, 그마저도 제때 임금이 지급되지 않았던 모양이다. 작은아들은 돼지가 먹는 쥐엄 열매로 연명해야 했다. '돼지와 함께 먹는다.' 비유의 청중이었던 유대인들은 이를 상상하며 혐오감을 느꼈을 것이다. '그림 6'은 이 장면을 그린 것이다. 돼지들은 머리를 파묻고 땅을 헤집으며 먹이를 찾고 있다. 게걸스럽게 살찐 돼지에 비해 작은아들은 초췌해 보인다. 깃털 달린 모자를 썼던 머리는 반 이상 벗겨졌다. 호기와 웃음으로 가득하던 얼굴은 수척해졌고, 여윈 몸은 작은 지팡이

그림 5 렘브란트, 〈창녀와 함께 있는 탕자〉, 1630년대, 소묘

큰아들의 비난을 토대로 렘브란트는 깃털 달린 모자를 쓴 작은아들이 창기와 음탕하게 노는 매우 노골적인 장면을 소묘했다.

에 의지해 있다. 말에 오르기 위해 땅을 박차던 발은 앙상하게 되었다. 신 역시 벗고 있는데 이는 신분을 보여준다. 대개 종의 경우 신발을 신지 못한다. 그는 무릎을 꿇고 기도하는 듯 자세를 취한다.

성서는 탕자가 굶주림 가운데 '제정신이 들었다'(『새번역』) 혹은 '스스로 돌이켰다'(『개역개정판』)고 한다. 제정신이 들고 보니 자신이 떠나온 아버지 집의 풍족함과 자신이 처한 굶주림을 대조할 수 있었다. 동시대 랍비들의 비유는 대략 몰락을 경고하는 이즈음에서 끝난다. 아버지를 모욕하고 하나님의 율법을 어긴 이에게는 그에 걸맞은 처벌이 주어진다는 통념적인 가르침이 랍비들의 주제였다. 그런데 예수의 이야기는 거기서 끝나지 않는다. 탕자는 아버지에게로 돌아가기로 하였다. 탕자는 이렇게 말한다. "아버지, 내가 하늘을 거슬러 아버지 앞에서 죄를 지었습니다. 나는 더 이상 아버지의 아

그림 6
렘브란트, 〈돼지치기가 된 탕자〉
1645-1648, 드로잉, 16×23cm
런던, 브리티시 박물관

들이라고 불릴 자격이 없습니다. 나를 품꾼으로 대우해주십시오."(눅 15:18-19) 참회하는 것일까? '그림 6'의 탕자가 취한 자세는 렘브란트의 다른 그림과 미루어볼 때 참회의 자세임에 틀림없다. 그러나 이 점에 관한 한 렘브란트의 성서 읽기는 통상적인 해석의 범위를 벗어나지 못했다. 비유를 보면 탕자

는 참회했다기보다는 무엇인가를 계산한다. 그가 아버지에게 하겠다는 말도 진심 어린 회개인지, 아니면 돌아올 구실인지가 불분명하다. 자신을 품꾼으로 대해달라는 요청은 비유의 일차 청중들에게 뻔뻔하게 들렸을 가능성이 높다. 당시 일감은 부족하고 일꾼은 많은 상황에서 집안의 재산을 탕진한 사람을 품꾼으로 써주어야 할 이유는 전혀 없었다. 집을 나가기 전이나 돌아올 때나 작은아들의 생각은 여전히 모자라고 얼굴은 한결같이 뻔뻔하다. 다만 피폐해진 그의 심정만이 간절하게 바뀌었을 뿐이다. 달리 생각해서 아들의 말이 진정을 담았다고 하자. 그렇다면 문제는 더 심각해진다. 아버지는 '돌아올 아들'을 기다리는 것이지 많은 재산을 탕진한 '무능한 품꾼'을 기다리는 것이 아니었다. 아버지는 자신을 품꾼으로 대해달라는 작은아들의 말에 더 큰 슬픔을 느낄 것이다. '나를 품꾼으로 대해달라.'는 말은 '아들'을 기다려온 아버지 앞에서 죄를 짓는 게 아닌가. 아버지는 품꾼이 아니라 사랑하고 사랑받을 수 있는 '아들'을 기다린 것이다.

작은아들은 일어나 자기 아버지 집으로 돌아간다. 아직 거리가 먼데 아버지는 작은아들이 돌아오는 것을 알아본다. 아들이 떠날 때 한 발자국도 움직이지 못한 아버지는 이제 그 아들을 보고 측은한 마음에 내달린다. 한마디 꾸짖는 말 없이 아버지는 아들의 목을 껴안고 그에게 입 맞춘다.

'그림 7'과 '그림 8'은 렘브란트가 같은 주제로 그린 그림이다. '그림 7'에서 작은아들은 맨발에 무릎을 꿇고 아버지의 품에 안기면서 두 손을 모아 회개와 간구의 자세를 취한다. 급하게 뛰쳐나와서인지 아니면 구부린 자세 때문인지 아버지의 오른쪽 신발이 벗겨져 있다. 그리고 허리를 굽혀 아들을 안는다. 아버지 뒤로 하인들이 신발과 옷을 들고 나온다. 큰아들은 창문을

그림 7 렘브란트, 〈탕자의 귀환〉, 1636
에칭, 16×14cm, 암스테르담
레이크스 미술관

그림 8 렘브란트, 〈탕자의 귀환〉, 1642
드로잉, 19×23cm, 하알렘
테일레르스 박물관

열고 상황이 어떻게 되는지를 무뚝뚝한 얼굴로 바라볼 뿐이다. 집 나간 작은아들은 집으로 돌아왔으나 집 안에 있는 큰아들은 여전히 탕자로 남아 있다. 6년 후 렘브란트는 소묘로 같은 주제를 그렸다. '그림 8'에서 가장 특징적인 것은 아버지와 작은아들의 재회를 보는 큰아들이다. 여기서 큰아들은 작은아들보다 더 어리게 그려졌다. 그것은 이제 큰아들의 탕자 됨이 더욱 도드라질 시점이기 때문이다. 비유는 작은아들이 돌아와 아버지가 잔치를 벌였다는 소식을 듣고 큰아들이 집으로 들어오기를 거절했다고 보도한다. 두 그림은 모두 큰아들이 일하다가 작은아들에 관한 소식을 전해 듣고 집으로 들어가기를 거절했다는 비유의 보도(눅 15:25-30)를 짐짓 왜곡한다. 렘브란트가 그 명백한 보도를 뒤튼 이유는 무엇일까? 아마도 집에 남아 있었지만 아버지를 진심으로 모시지 않았던 큰아들의 탕자 됨을 지적하려 한 것일 게다.

이 두 그림 모두 렘브란트의 뛰어난 솜씨를 보여주지만 그가 말년에 남긴 작품(그림 9)에는 미치지 못한다. 렘브란트의 예술 세계에 입문하는 이들은 대부분 그의 자화상 아니면 이 그림에 매혹된다. 로마가톨릭 사제인 헨리 나우웬(Henri Jozef Machiel Nouwen, 1932-1996)은 이 그림을 해설하기 위해 책을 한 권 내야 할 정도였다.

'그림 7' 및 '그림 8'과 비교할 때 말년에 그린 이 유화 작품의 특징은 무엇일까? 품에 안긴 작은아들부터 살펴보자. 작은아들의 비참한 모습 자체는 이전 그림들과 변함이 없다. 옷은 누더기이고 다 낡은 신발도 한 쪽만 간신히 걸쳐 있다. 표면적으로는 머리만이 이전 두 그림과 다른데, 유화 속 작은아들의 머리숱이 거의 보이지 않는다. 그러나 그리 밝지 않은 빛에 의해 보이는 작은아들의 오른쪽 얼굴에는 안도감과 평온함이 느껴진다. 그의 얼굴을 보고 난 후 작은아들의 등을 보니 그 아들에게서 느껴지는 감정이 어디로부터 온 것인지를 알 수 있다. 밝게 비치는 용서의 빛, 그리고 그 빛에 빛나는 아버지의 두 손. 어떤 이들은 각기 다르게 그려진 오른손과 왼손에 주목하고, 그것이 각각 모성과 부성을 나타낸다고 말한다. 그럴 듯한 해석이다. 나는 이 두 손에서 자비와 동시에 짓누르지 않는 당김을 본다. 허리를 앞으로 숙여 깊게 아들을 품은 아버지, 그러나 시선을 올려 아버지의 얼굴에 이르니 우리는 '늙은 비애'라는 그 어구를 다시 되새기게 된다. 이 그림을 비평한 숱한 사람들은 아버지의 얼굴에서 애써 사랑이나 자비를 읽으려고 한다. 그러나 눈이 거의 감긴 아버지는 작은아들을 보고 환호작약(歡呼雀躍)하기보다는 안도감을 살짝 내비칠 정도, 아니 거의 무표정하게 감정을 표현하지 않는다. 벅찬 감격을 표현하지 못할 정도로 늙은 것일까?

가만히 생각해본다. 렘브란트는 왜 아버지의 얼굴을 거의 무표정에 가깝게 그렸을까? 작은아들 탕자의 돌아옴이 온전하지 않기 때문일까? 큰아들의 탕자 됨이 곧 드러나기 때문일까? 혹시 돌아온 아들이나 집에 있는 탕자 둘 모두로부터 진심 어린 사랑을 받지 못해서는 아닐까? 이미 3분의 2에 이르는 유산을 상속받고도 '몇 해 동안 내가 아버지를 섬겨 명을 어긴 적이 없지만 아버지는 내 친구들하고 먹으라고 염소 새끼 한 마리 준 일도 없었어요.' 하는 큰아들이나, 돌아오기는 했으나 '아버지의 아들이라 일컬음을 감당하지 못하겠습니다.'라는 작은아들에게서 아버지는 자신이 사랑받지 못하고 있다고 느낀 것은 아닐까? 큰아들의 순종은 있었으나, 또 작은아들의 참회는 있었으나, 늙은 아버지는 사랑받지 못하기에 비애를 느끼지 않았을까? 아버지의 비애는 아들들을 사랑했으나 아들들에게 사랑받지 못한 데에 있었다.

그림 9 렘브란트, 〈탕자의 귀환〉, 1662-1669년 사이, 유화
262×206cm, 상트페테르부르크, 에르미타슈 미술관

아버지도 사랑이 필요한 존재이다. 나는 렘브란트가 그린 아버지의 얼굴에서 사랑받지 못한 늙은 비애를 읽는다. 아들들을 사랑했으나 그들로부터 사랑받지 못한, 그래서 사랑이 필요한 아버지. 작은아들의 패륜과 큰아들의 불경을 품으며 그들로부터 진정한 사랑을 기대하는 아버지. 아버지는 사랑받고 싶어한다.

때로 화가의 상상력 넘치는 그림이 성서해석을 더 풍성하게 한다. '그림 9'가 바로 그런 경우에 해당한다. 렘브란트의 그림으로 인해 이른바 탕자의 비유는 더 풍성한 해석을 갖게 되었다. 렘브란트가 그 비유에서 해석한 하나님은 사랑했으나 사랑받지 못하는 하나님, 그래서 사랑하면서도 슬픈 하나님이다. 두 아들을 사랑하면서 그 가운데에서 외로운 하나님, 돌아온 아들을 품에 안지만 언제든지 뛰쳐나갈 수 있는 그 아들을 사랑의 이름으로 가두지 않는 하나님이다.

바리새인들은 예수의 세 비유에 등장하는 하나님 상을 신성모독으로 느낄지 모른다. 그들은 완전무결하고 철두철미한 하나님, 그래서 깨끗함과 더러움, 성(聖)과 속(俗)을 날카롭게 가르는 하나님을 믿었다. 그러나 예수의 비유 속 하나님 상은 그렇지 않다. 예수의 하나님은 잃은 사람들 때문에 웃고 울며, 체면을 잃어버리고, 비상식적으로 어긋난 계산으로 행동하는 무언인가 부족한 듯한 사랑의 하나님이다. 우리는 예수의 하나님을 참 하나님으로 받아들이며, 그 하나님으로 인해 감격한다. 렘브란트는 비유의 하나님 상에 사랑받고 싶은 하나님 상을 더한다. 늙은 아버지는 사랑하는 분이며, 또 사랑받고 싶어하는 분이시다. 사랑 때문에 기쁘고 슬픈 우리처럼 하나님도 사랑 때문에 기쁘고 또 슬픈가 보다.

제4부

예수 상과 자화상

예술가는 작품을 만들기도 하지만 스스로 작품이 되거나 작품이 되는 행동을 하기도 한다. 이를 행위예술이라고 부른다. 그리스도인들은 하나님이 예술가로서 천지를 창조했다고 믿는 동시에 하나님 자신이 사람이 되었다고 고백한다. 창조주 하나님이 직접 창조물이 되는 이 사건을 두고 성육신 혹은 도성인신(道成人身)이라고 부른다. 인간이 된 하나님의 이름은 '예수'이다. 성육신한 예수는 예술가 하나님 자신이 스스로 예술작품이 된 사건이라 할 만하다. 그리스도인 화가가 예수를 그린다는 것은 어찌 보면 하나님을 그리는 일이며, 이는 보이지 않는 것을 보이도록 하는 종교적 시각예술 본연에 해당한다. 예술가는 예수를 그림으로써 저마다 하나님에 대한 꿈을 함께 그리는 것이다.

제4부에서는 렘브란트 성서화 미학의 절정 중 하나인 예수 상의 특징을 살펴보려고 한다. 렘브란트가 본 예수, 아니 예수를 통해 본 하나님은 어떤 하나님일까? 또 렘브란트를 널리 알린 그의 자화상도 함께 탐색할 것이다. 화가는 어떻게 '나'를 물어왔는지 헤아려보고자 한다.

11

인간 예수 하나님을 보여주다

:: 배경이 되는 말씀

마태복음서 2:1-23, 마가복음서 15:33-47

성서 이야기를 예술신학적 관점에서 살피면 하나님의 창조는 예술적 창작이다. 하나님은 예술가로서 세상을 창조한다. 그는 자신의 창작행동의 결과물을 두고 '좋다' 혹은 '아름답다'(토브)고 감탄한다. 하나님의 탄성은 피조물에 자신의 자취가 담겨 있기 때문에 터져나왔다. 피조물이 하나님 자신은 아니지만 하나님은 피조물에 자신의 흔적을 남겨놓았고, 특별히 인간을 하나님 자신의 모습과 형상에 따라 지었다. 따라서 어떤 의미에서 인간은 하나님의 자화상이다. 에베소서 2:10은 하나님의 자화상으로서 인간을 하나님이 지은 시(포이에마 혹은 '작품'으로도 번역할 수 있다.)라고도 읊는데, 이 '시'는 자신의 창조주를 닮아 창조를 통한 아름다움의 기쁨을 누리기를 원한다. 그간 우리나라의 기독교는 신앙의 참과 거짓, 옳음과 그름을 지루하게 논하면서 미처 신앙의 아름다움에 눈을 돌리지 못했다. 그러나 성서와 기독교 전통

안에는 우리가 발견해야 할 유장한 아름다움의 흐름이 멈춘 날이 없었다.

우리는 이제까지 렘브란트의 성서화를 살펴보며 그 아름다움의 한 자락을 대략이나마 더듬어보았다. 렘브란트가 펼친 성서의 풍경을 유람하는 사람은 성서의 장엄한 세계를 묘사한 그를 두고 '성서의 풍경화가'라고 즐거이 부르리라. 또 성서의 세계를 통해 예술의 정수를 드러낸 그를 두고 '예술의 정물화가'라고 칭송해도 누구도 이를 마뜩잖게 여기지 않으리라.

이제 성서의 풍경과 예술의 정물을 보여주는 렘브란트 성서화 미학의 꼭대기를 등정할 때가 되었다. 그 봉우리에 올라가는 길에는 첩첩이 병풍 친 예수 그림이 있다. 어떤 근거에서 예수 그림을 성서화 미학의 정수리로 단정하는가? 기독교 신앙에 따르면 '예수'는 사람이 된 하나님이다. 하여 성육신한 예수는 예술가인 하나님 자신이 스스로 하나의 예술작품이 된 창조의 구극(究極)이다. 그런 측면에서 예수를 그림은 최고의 작품이 된 하나님을 그리는 일이며, 이는 보이지 않는 것을 보이도록 하는 종교적 시각예술 본연의 임무 수행의 절정에 해당한다. 하나님을 직접 그리기를 꺼리는 프로테스탄트 예술가들에게 예수를 그림은 하나님을 그리고픈 저마다의 꿈을 이루는 몇 안 되는 길이기도 하다.

전하는 바에 따르면 렘브란트는 가톨릭 화가처럼 대범하게 하나님을 직접 그린 일이 있다고 한다. 주변의 저지로 렘브란트의 하나님 상은 이내 지워졌지만, 하나님을 그리고픈 이 화가의 예술적 욕망은 수많은 예수 그림을 통해 충분히 해소되었으리라 추정할 수 있다. 그러나 렘브란트가 그린 예수 그림의 전모를 충분히 감상하는 일은 쉽지 않다. 무엇보다도 그의 셀 수 없이 많은 예수 그림은 전체를 조망하려는 우리를 이내 미로 속으로 빠뜨린다. 렘브란트의 예수 그림을 다루는 대개의 글은 복음서가 제시하는 예수의 일대기에 따라 렘브란트의 작품을 배열하거나, 렘브란트가 제작한 작품의 연대에 따라 그의 예수 이해의 변화를 추적한다. 하지만 짧은 지면에 매인 우리는 요령 있게 렘브란트 예수 그림의 핵심에 가닿을 길을 찾아야 한다. 두 번에 거쳐 살펴볼 렘브란트의 예수 그림 가운데 먼저 예수를 '인간이 된 하나님' 혹은 '인간과 공동의 운명을 나누는 하나님'으로 그려낸 작품들을 탐색하고자 한다.

피난 가는 하나님의 가족

성서의 예수 탄생 이야기는 당시 그레코-로만 세계의 신화와 비슷하고도 다르다. 신적 존재가 인간의 모습으로 나타났다는 이야기는 당시 그레코-로만 세계에서 흔히 접할 수 있는 신화에서 반복되는 주제이다. 그러나 '완전한 인간이 된 하나님'이라는 성육신 신앙은 인간인 척하는, 제아무리 인간의 모습을 하고 있지만 실상은 신적 존재의 본질을 버리지 않는, 그래서 독수리에게 간을 파 먹히는 신세라도 결코 죽지 않는 신의 이야기와는 다르다. 예수는 평범한 인간과 똑같이 죽음을 피할 수 없는 인간이다.

또한 영웅이 탄생할 때 그 구원자를 살해하려는 위협 주제도 당시 신화에서 어렵지 않게 찾아볼 수 있다. 가령 아기 헤라클레스는 자기 목숨을 노리는 뱀을 잡아 죽여 스스로를 구원한다. 반면 성령으로 잉태된 아기 예수에게는 그런 초인적인 힘이 없다. 마태복음서는 예수가 태어날 때 헤롯 대왕이 자신의 왕권에 위협을 느끼고 베들레헴과 그 주변 지역에서 대량 유아 학살을

그림 1 지오토, 〈이집트로 피신하다〉, 1304-1306
프레스코, 200×185cm, 파도바, 카펠라 스크로베그니(아레나 성당)

일으켰다고 보도한다. 그러나 예수는 헤라클레스처럼 자신의 적대자를 압도적 힘으로 물리치지 못한다. 그는 여느 어린아이와 같이 스스로를 지킬 수 없을 정도로 연약하다. 이에 예수의 부모는 천사의 지시를 받고 아기의 목숨을 살리고자 이집트로 피난을 간다.(마 2:1-23)

예수 가족이 이집트로 피난 가는 장면은 여러 화가들이 즐겨 그리는 주제였다. 이탈리아의 르네상스를 연 화가 지오토(Giotto di Bondone, 1267-1337)의 그림은 그 가운데서도 유명하다.(그림 1) 이 14세기 프레스코 작품의 이름을 모르는 이들에게 이것이 과연 무엇을 그린 작품인지를 묻는다면 결과는 어떻게 될까? 질문을 받고 그림을 한번 쓱 훑어본 이들은 이 그림이 '귀부인의 행차'를 그린 것이라고 답변할지 모른다. 물론 여러 종교적 특징을 찬찬히 파악한 뒤에는 이 작품이 마리아와 아기 예수를 그린 그림인 줄 깨닫겠지만 말이다.

마리아는 화면의 정중앙을 차지한다. 화려하지는 않지만 품위와 위엄을 유지하는 옷을 입은 마리아는 다정스러운 어머니와는 달리 아기와 살갑게 눈을 맞추지 않는다. 그보다는 앞을 주시하며 근엄한 표정을 짓는다. 품 안에 있는 아기 예수 역시 마리아에게 안겨 있기는 하지만 엄마에게 착 기대기보다는 당당한 모습을 보여준다. 예수의 가족 중 요셉은 직접 나귀를 끌지는 않지만 마리아나 아기 예수와 비교했을 때 다소 가볍게 처리된다. 머리에 후광이 없었다면 사람들은 그를 그저 길잡이로 간주했을 것이다. 밝은 낮에 천사의 인도에 따라 시중드는 사람과 함께 길 떠나는 이 광경에서 우리는 목숨을 보전하기 위해 사지(死地)를 떠나는 긴박함을 찾을 수 없다. 그림의 배후 이야기를 알고 난 뒤에도 마리아와 아기 예수의 이동은 '피난' 혹은 '피신'보다는 호위를 받으며 어디론가 '행차'한다고 묘사하는 편이 더 적절하다. 물론 당당한 '피신' 장면을 그려낸 지오토의 해석이 완전히 빗나간 성서 이해라고 할 수는 없다. 천사의 도움을 받아(마 2:13), 오래전 선지자의 예언을 이루고 있다는(마 2:15, 23) 신앙적 확신이 마리아에게 그와 같은 위풍당당

그림 2 렘브란트, 〈이집트로 피신하다〉
1627, 유화, 26.5×24cm, 투르의 미술관

함을 가능케 했다고 해석한다면 말이다.

렘브란트 역시 이집트로 피난 가는 예수 가족의 이야기를 주제로 작품을 제작했다. 그런데 흥미롭게도 이 주제와 관련된 그의 유화와 에칭, 그리고 드로잉은 내 부족한 조사망에 걸린 것만 해도 열세 작품에 이른다. 이는 렘브란트가 마태복음서의 이 이야기를 여러 차례, 여러 각도에서 이해하고

그림 3 렘브란트, 〈이집트로 피난가는 성 가족〉
1653, 에칭, 20.9×28.1cm, 토쿄 국립서양미술관

자 시도한 결과로 볼 수 있다. 그런데 야심찬 젊은 시절부터 말년에 이르기까지 그의 전 작품은 독특한 하나의 특징을 지닌다. 그것은 바로 아기 예수 가족의 이집트행을 정말 앞날을 모르고 길을 급히 나선 피난민 가정의 도피로 그린다는 것이다.

'그림 2'는 전업 화가 초기에 렘브란트가 유화로 그린 〈이집트로 피신하다〉이다. 지오토의 그림을 살펴볼 때처럼 이 작품명을 모르는 이들에게 이 그림의 제목을 맞춰보라고 했다고 하자. 아기의 머리에 후광이 있다고 해서 이 질문에 대한 답으로 '고귀한 분의 행차'라고 말할 사람이 있을까? 그림의 짙은 어둠은 그들이 맞은 상황을 상징한다. 주위는 모두 캄캄하다. 나귀를 끌며 앞장선 남자는 남루한 옷에 신발도 신지 못했다. 이는 신발을 신지 못했을 정도로 남자의 상황이 다급했거나, 아니면 남자가 가난하거나, 그것도 아니면 낮은 신분 때문에 신발을 신지 못할 처지에 있음을 암시한다. 여행 필수품이 다 들어 있지도 않은 듯 메고 있는 가방은 무거워 보이지 않는다. 남자는 고개를 돌려 여인과 아기의 안부를 살피고 있다. 한편 나귀 위에 올라탄 여인도 귀부인과는 거리가 멀다. 자신과 아기를 감싸는 천은 전혀 고급스럽지 않다. 머리에 두른 두건은 빛을 받아 빛나지만 그 자체가 화려한 것은 아니다. 여인은 불안한 표정으로 뒤돌아보는 남자를 본다. 여인이 안고 있는 아기의 머리에는 후광이 있다. 그러나 여인에게 안긴 아기는 자신을 안은 여인을 바라보며 의지한다. 이미 많이, 그리고 빨리 걸은 듯 나귀는 얼마 메고 있지도 않은 초라한 짐에도 지쳐 있다.

지오토가 그린 성 가족의 위풍당당함, 그래서 굳이 서로를 의지하거나 돌아볼 필요가 없는 성 가족과 렘브란트의 성 가족은 현저히 대비된다. 렘브란트의 성 가족이 기댈 곳은 서로밖에 없다. 여인은 남자를, 아이는 여인을 바라본다. 남자는 여인과 아이를 걱정한다. 다행히 한 빛이 그들의 길을 밝혀주나, 그 빛은 단지 한 걸음 앞만을 밝혀줄 뿐이다. 그 한 걸음 다음에 무엇이 있는지는 어둠 속에 숨어 있다. 앞에 무엇이 놓여 있는지도 모른 채, 의지할 대상이라고 해야 기껏 서로밖에 없으며, 초라한 짐과 행색을 한 그들은 정말 '피난 가정'이다.

1653년 에칭으로 제작된 같은 주제의 작품에서도 렘브란트의 특징은 고스란히 드러난다.(그림 3) 여행 중인 한 가족은 매우 지쳐 있다. 그러나 아직 가야 할 길은 멀고, 그 길은 내리막이다. 이 광경은 폭정을 피해 살 길을 찾아 나선 난민 모습, 바로 그것이다. 다른 난민 가정처럼 그들이 피해 도망가야 할 길은 아직도 멀다. 고독하고 위태로운 그 길은 '내리막'의 삶을 상징한다. 에칭화에서 아기는 다른 이들이 찾을 수 없을 만큼 엄마 품에 꼭 숨어 있다. 아기 예수는 어린 엄마 마리아의 품속에서나 안전을 구할 수 있다. 나아가 우리는 등장인물들의 비범함을 증거해주는 후광도 더 이상 찾아볼 수 없다. 1627년 이후 렘브란트가 성 가족 그림에서 후광을 사용하지 않았음을 생각하면 후광의 제거는 더 이상 새삼스러울 일도 아니다.

렘브란트는 어디서 성 가족의 이런 '현실적인 도피'의 모습을 그려낼 영감과 용기를 얻게 되었을까? 성서에 나온 예수의 말과 렘브란트가 살던 시대상이 그 출처라고 답변할 수 있다. 살 곳을 찾아 피난을 가는 성 가족의 모습은 동시대 네덜란드에서 렘브란트가 종종 그렸던 구걸하던 부랑 가족의 유랑 모습과 유사하다. 렘브란트 당시 네덜란드는 급속한 자본주의의 발전으로 양극화와 도시화가 진행되었고, 이로 인해 땅을 잃고 구걸하며 부랑할 수밖에 없었던 '거지 가족'들이 적지 않았다. 렘브란트는 그 모습을 여러 차례 다양한 모습으로 그렸는데, 그는 길에서 곧잘 부딪히는 부랑 가족에게서 성 가족의 이집트 피난 장면을 읽기에 이르렀다.(그림 4) 대담함을 넘어서 언뜻 위험해 보이기까지 하는 예술적 상상력이다. 그러나 이는 예수의 핵심 메시지를 꿰뚫는 통찰이었다.

예수는 "지극히 작은 사람들 가운데 하나"(마 25:40), 곧 작은 자들 가운데서도 지극히 작은(엘라키히스토스, '작은'의 최상급) 자, 그들 중에서 단 '하나'와 자신을 동일시한다. 못난이 일반이 아니다. 제아무리 어중이떠중이라도 모이면 커 보인다. 예수는 그들 중 단 한 명, 구체적인 못난이에게 한 것이 자신에게 한 것이라고 선언한다. 말씀에 침잠한 예술가는 생계를 위해 정처 없이 떠도는 주위의 부랑 가족을 통해 그 옛날 살 길을 찾아 이집트로 피난하

그림 4
렘브란트, 〈세 농부 가족의 유랑〉
1652, 에칭, 11.3×9.2cm

렘브란트는 이 유랑자 가족, 그리고 이미 소개한 〈문 앞에서 구걸하는 부랑자 가족〉과 같이 방랑할 수밖에 없었던 이들을 에칭화로 담아냈다. 그리고 일상에서 접하는 초라한 행색의 불운한 떠돌이들에게서 예수 가족을 보았다.

던 예수 가족을 연상하였다. 섬세한, 따뜻한, 그러면서도 날카로운 예술적 감성이다.

어떤 이들은 마태복음서가 제아무리 예수 가족을 난민 가족으로 묘사하고, 온전하게 인간이 되어 죽음의 고통을 두려워하는 예수를 강조하며, 렘브란트가 이를 적실하게 포착했다 해도 결국 예수만, 그 성 가족만 기적적으로 구원받았음을 지적한다. 베들레헴과 주변의 아기들이 대량 학살을 당하고, 자식을 잃은 어머니들이 위로받기를 거절하며 통곡하는 자리(마 2:16-18)에 마리아나 요셉은 없었다고도 꼬집는다. 아기 예수와 그들의 가족만이 천사의 계시를 받고 이집트로 피했으며 아기의 목숨이 안전해졌다는 계시를 받고 이스라엘 땅으로 돌아갔다. 죽임을 당할 때 혼자만 기적적으로 산 사람을 어떻게 '지극히 작은 사람들 가운데 하나'로 간주할 수 있을까? 죽임을 당한 지극히 작은 자들은 기적적으로 구원받은 아기 예수를 자신들 중 하나로 인정해줄까? 지극히 작은 자들 중 하나가 아니어도 좋다. 이스라엘의 왕으로 이스라엘을 구원하기 위해 태어났다는 그 아기는 (두말할 필요도 없이 그 참극은 헤롯이라는 희대의 살인마의 광기에서 비롯된 것이지만) 어찌 학살을 가져왔는가? 자신이 불러온 재앙에서 자신은 피하고 다른 아기들의 목숨은 무력하게 방치한 비극을 보고 예수를 '구원자'로 태어난 이라 말할 수 있을까? 만약 헤롯이 아기들을 죽이고 마음의 평화를 얻었다면 아기 예수 대신 죽은, 이스라엘의 구원자를 위해/때문에 희생당한 베들레헴의 '아기 구원자들'의 생명에 대해 이 '지극히 작은 자 중 하나'인 구원자는 어떻게 해야 하는가?

십자가에 달린 하나님 예수

베들레헴 대학살 이후 예수가 '지극히 작은 사람들 가운데 하나' 임을 증명하기까지 약 30여 년의 세월이 흘렀다. 베들레헴의 아기 구원자들이 예수 구원자를 위해/때문에 목숨을 희생당했듯 청년 예수는 그들을 위해/때문에, 아니 이전에 또 이후에 있을 '지극히 작은 사람들 가운데 하나' 를 위해/때문에 십자가에 달렸다. 예수는 자청하여 십자가를 향했고, 그렇게 베들레헴의 아기들과 같이 지극히 작은 사람들 가운데 하나로서 최후를 맞았다. 십자가에 달린 하나님 예수는 치욕과 수치, 모멸과 고독, 실패와 좌절, 고통과 무능, 천시와 홀대를 숙명인 듯 여기며 살도록 강요된 '지극히 작은 사람들 가운데 하나' 처럼 죽어간 것이다.

서로가 서로를 위해/때문에 죽고 죽어주는 것, 그 이상의 깊은 사랑과 공동 운명의 공동체가 또 있을까! 고대 지중해 세계에서 인간을 위해, '지극히 작은 사람들 가운데 하나' 가 될 만큼 비참함을 감내한 신 이야기는 찾아볼 수 없다. 나아가 자신의 피조물을 위해 스스로의 목숨을 내놓는 신은 더군다나 없다. 베들레헴의 아기들은 자신들의 희생을 딛고 살아난 예수가 자신들과 같은 이들을 위해/때문에 목숨을 내놓은 십자가 앞에서 차곡하게 쌓인 한(恨)을 내려놓았으리라. 이 과정에서 하나님을 반대하고 인간을 짓누르는 악의 세력이 분명히 드러났고, 인간이 된 하나님이 누구와 함께 자신의 삶과 생명, 그리고 죽음을 나누는지가 선명히 나타났다.

그림 5

그림 6

그림 5 피터 폴 루벤스, 〈십자가로 올리다〉, 1610-1611, 제단화 중 가운데 부분
462×341cm, 안트베르펜 성당

그림 6 피터 폴 루벤스, 〈십자가에서 내리다〉, 1611-1614, 제단화
420×310cm, 안트베르펜 성당

예수 및 그를 통해 하나님을 그리고픈 화가라면 예수의 십자가야말로 꼭 그려내고 싶은 장면일 것이다. 렘브란트 당시 이 장면을 그린 대표작은 단연코 루벤스의 〈십자가로 올리다〉(그림 5)와 〈십자가에서 내리다〉(그림 6)이다. 루벤스는 가톨릭의 반종교개혁(the Counter-Reformation)이 내세운 이념에 걸맞은 화풍을 지녔다. 그의 그림에는 모호한 암시나 알듯 모를 듯한 인물이 없다. 성서화는 문맹자의 성서라는 가톨릭의 성서화 이념을 구현한 결과이다. 또한 반종교개혁 미술은 예전 먼 곳에서 일어난 성서의 이야기를 지금 살아가는 사람들의 이야기로 느끼게 해주는 것을 목적으로 했는데 루벤스는 이를 달성하려고 하였다. 마지막으로 반종교개혁의 종교화는 감정을 강하게 자극하여, 신자들의 의심을 제거하고 그들이 그리스도 및 교회와 고양된 교제를 유지하도록 기획되었다. 루벤스만큼 이 기준에 맞는 인물은 없었다. 약 10여 년 간 루벤스는 최소한 66개의 종교화를 그렸고, 그 작품들은 가톨릭교회와 채플에 걸렸다. '그림 5'와 '그림 6'은 성서화가로서 루벤스의 찬란한 명성을 분명히 한 작품들이었다. 그중 〈십자가에서 내리다〉는 저 유명한 〈라오콘〉(그림 7), 곧 죽음과 고통을 가장 잘 표현했다는 형상을 모방한 것이다.

먼저 화면 정중앙에 있는 예수의 몸을 살펴보자. 루벤스는 십자가에서 죽은 예수를 십자가에 달릴 때의 근육질의 예수와는 다르게 그렸다. 그러나 루벤스의 죽은 예수는 여전히 모종의 위엄을 잃지 않는다. 예수의 몸은 밝은 빛을 받고, '시체'에서 반사되는 빛이 도리어 살아 있는 주변 인물들을 비춘다. 예수를 십자가에서 내리는 이들도 죽은 예수를 극히 위엄 있는 분으로 존중한다. 죽은 예수는 흰 천을 이용해서 내리게 되는데, 십자가 오른편 위에 있는 한 사람은 그 천을 입으로 물고 오른팔을 펴서 예수의 왼손을 조심스레

그림 7 〈라오콘〉, 대리석, 184cm, 로마, 바티칸 박물관

아테네 여신이 보낸 바다뱀에 물려 죽는 트로이의 마지막 사제 라오콘과 그의 두 아들을 조각한 이 작품은 고대 그리스의 조각을 모방한 것으로 1506년 발견되어 르네상스 미술가들에게 충격을 주었다. 이 작품에는 이른바 헬레니즘적 바로크의 격정이 담겨 있다.

잡는다. 발 밑에 한 여인(막달라 마리아?)은 예수의 왼발을 자신의 어깨에 두고 두 손으로 예수의 발을 모시고 있다. 자신의 어깨에 기꺼이 예수의 '발'을 갖다 댄 그 여인은 예수의 발에 향유를 붓고, 머리털로 그 발을 씻은 한 여인을 떠오르게 한다.(마 26:6-13, 막 14:3-9, 요 12:1-8) 왼편에 푸른빛 옷을 입은 이는 마리아이다. 마리아의 얼굴에는 슬픔이 가득하지만 절망의 몸짓으로까지 나아가지는 않는다. 이는 마리아가 이미 예수의 운명을 알고 있었다는 중세의 믿음을 반영한다. 이 그림에서 예수를 제외하고 가장 돋보이는 사람은 오른편에 붉은 옷을 입고 있는, 흔히 '사도 요한'이라고 오해되는 '애제자'이다. 이 그림에서 예수를 품에 안으려는 이는 마리아가 아니라 바로 '애제자'인데, 이 자세는 일종의 '피에타'(pieta)로 보이기도 한다. 죽은 예수의 몸을 받드는 태도는 그를 이후 모든 제자의 모범으로 만든다. 예수가 십자가에서 흘린 피로 적신 듯 애제자의 붉은 옷은 그림에서 가장 눈에 띄며, 이로 인해 애제자는 예수의 피로 옷 입은 처음 인물 중 하나로도 비친다. 그림에서 예수의 피를 받은 또 다른 사람은 자신의 어깨로 예수의 발을 받친 여인이다. 예수의 애제자도 마리아와 같이 슬픔에 잠겨 있지만은 않다. 그 역시 예수의 운명과 이후 부활에 대한 소망을 가지고 있었기 때문일 것이다. 한 가지 흥미로운 점은 루벤스 그림의 등장인물이 모두 어떤 방식으로든 예수의 몸에 직접 손을 대고 있다는 사실이다. 아마도 가톨릭의 성만찬 해석이 이 그림에 반영된 것이 아닌가 싶다. 가톨릭교회는 성만찬에서 빵과 포도주가 실제로 예수의 살과 피로 바뀐다는 화체설을 주장했다. 그것을 먹고 마심으로써 신자들은 예수를 직접 체험한다. 예수의 몸에 손을 대는 인물들은 예수와 몸으로 교감하는 가톨릭 신앙을 상징한다. 예수를 십자가에서 내리는 장면을 담은 그림 가운데 구도와 색채, 인물들에 대한 해석으로 이것을 능가하는 작품을 꼽기란 힘들었고, 그래서 루벤스를 두고 '그림의 신'이라고 공공연히 찬사하는 사람마저 생겨났다.(Jan le Grand)

루벤스의 걸작은 판화로 제작되었는데 렘브란트와 동료 얀 리번스는 그

에칭 판화를 볼 수 있었다. 질투심 혹은 경쟁심이 두 사람에게 모두 불쑥 솟아올랐다. 렘브란트는 판화로 제작된 루벤스의 그림, 곧 루벤스의 그림과 좌우가 바뀐 에칭 판화를 보고 그와 같은 구도로 〈십자가에서 내리다〉(그림 8)를 제작했다. 짐작해보건대, 에칭 판화가 아니라 루벤스가 그린 원 그림의 색채까지 보았다면 장엄함에 휩싸여 감히 거기에 도전해볼 엄두조차 내지 못했을 수도 있다. 때로는 자신이 도전하려는 목표가 얼마나 대단한지 모르는 편이 나은 경우도 있다. 젊은 화가는 자신의 〈십자가에서 내리다〉에서 자신의 신앙 이해와 예술적 이념을 루벤스의 것과 의도적으로 대조하면서 스스로를 대가와 견주었다.

루벤스의 죽은 예수는 존엄과 위엄을 잃지 않고, 도리어 그 '시체'에서 반사되는 빛이 주변 인물들을 비추고 있음을 이미 지적했다. 반면 렘브란트의 죽은 예수는 완연히 다른 모습이다. 예수의 몸에는 균형 잡힌 근육이라고는 전혀 없다. 그것은 그저 볼품 없는 '시체'에 지나지 않는다. 주변의 어둠과 달리 예수를 내리려 감싼 천과 예수의 몸은 밝게 처리되었지만 '빛난다'고 말할 수는 없다. 루벤스의 고결한 흰 빛깔의 천과는 달리 렘브란트가 그린 천은 그저 '흰 천'일 뿐이다. 예수를 내리려 십자가 위에 올라가 천을 잡은 사람에게는 시체를 향한 어떤 존중감도 엿볼 수 없다. 그는 그저 시체를 내리려 천을 잡고 있을 뿐이다. 화면 오른편에서 시체를 내리는 이도 죽은 예수의 왼쪽 어깨를 꽉 쥐고 있다. 루벤스 그림에서 예수를 받아 든 애제자의 역할은 렘브란트에 의해 축소된다. 눈에 띄는 붉은 옷을 입은 것도 아니고, 예수의 피를 받고 있지도 않다. 그 제자도 슬픔에 잠겨 선생님의 시체를 내리기만 한다. 화면 왼편에 위치한 여러 인물 역시 루벤스의 인물들과는 사뭇 다르다.

마리아는 아들 예수의 운명과 부활에 대해서 전혀 모르는 있는 것이 분명하다. 그 여인은 슬픔을 이기지 못하고 혼절했다. 루벤스의 그림에서 예수의 발에 어깨를 가져간 여인과 그 옆에 있던 아름다운 여인은 렘브란트 작품에서는 그저 혼절한 마리아를 돌보는 일을 한다. 여인들 위쪽에 자리 잡은 한 노인은 매우 비통한 모습으로 두 손을 맞잡고는 괴로워한다. 그 옆의 사람은 그저 예수가 죽은 것에 놀랐다는 표정을 짓는다. 화면에서 상황에 흔들리지 않는 인물은 오른편에 있는 아리마대 요셉뿐이다. 요셉은 한 발짝 떨어져 예수의 시체를 본다.

비록 몇 명이 예수의 몸에 손을 대고 있긴 하지만 루벤스의 인물들과 비교할 때 예수의 시체와 사람들 사이에는 '거리'가 있다. 현대의 X선으로 촬영한 결과 렘브란트는 애당초 마리아가 예수의 몸에 손을 대도록 계획했다. 그러나 이후 렘브란트는 마리아를 현재의 위치로 옮겨 그렸다. 이를 통해 렘브란트가 예수의 시체와 그 주변 사람들의 '거리'를 매우 의도적으로 만들어냈다는 사실이 확인된다. 이 '거리'를 통해 렘브란트가 의도하고자 한 바는 무엇일까?

우선 이 거리는 화체설을 비판한 프로테스탄트의 성만찬 이해가 반영된 것으로 볼 수 있다. 성만찬을 행할 때 빵과 포도주가 실제로 예수의 살과 피로 변한다고 믿는 가톨릭에서 신자들은 예수의 몸을 직접 받고자 한다. 그러나 임재설이나 공재설 혹은 상징설을 받아들이는 프로테스탄트들은 예수의 살과 피가 현실의 빵과 포도주로 변한다고 생각하지 않는다. 그들에게 성만찬이나 구원은 예수의 몸을 직접 받아들이는 데에 있지 않다.

한편 미술적 측면에서 감상자들에게 예수와 인물들 사이가 만들어내는

그림 8 렘브란트, 〈십자가에서 내리다〉, 1632-1633
목판에 유채, 89.6×65.2cm, 뮌헨, 알테피나코테크

'거리'는 예수의 죽음을 더욱 쓸쓸하고 현실적으로 느끼도록 만든다. 이 '거리' 때문에 렘브란트가 곧잘 연출해내던 비장미(悲壯美)도 사라진다. 렘브란트는 루벤스의 그림에는 없었던 뒤편의 나무와 예루살렘 성을 덧붙여 예수 죽음의 쓸쓸함과 처연함을 더욱 깊게 드러낸다.

나아가 이 거리는 감상자들이 그 장면에 감정적으로 동참하도록 이끌기보다는 예수의 십자가를 성찰하도록 유도한다. 예수의 죽은 몸에 성심껏 손을 대는 루벤스의 인물들은 관람자들에게도 '어서 이 거룩한 접촉 행위에 참여하시오.'라고 외치는 듯하다. 역동적인 인물들의 몸짓과 놀라운 색감 또한 예수 죽음의 극적 성격을 강조하며 감상자들의 감정적 동참을 불러일으키기에 충분하다. 그러나 렘브란트는 그와는 다른 길을 간다. 그는 감상자들의 정서에 호소하기보다는 그 사건을 떨어져서 볼 것을 주문한다. 예수의 몸은 선뜻 손을 대기에는 다소 꺼림칙하다. 따라서 렘브란트 그림 속 인물들처럼 관람자도 죽은 예수에게 손을 대려 달려들 생각이 나지 않는다. 루벤스가 관객들에게 감정적 동참을 자아내려 했다면, 렘브란트는 이성적 관조를 촉구하는 듯하다. '지극히 작은 사람들 가운데 하나'처럼 죽은 예수, 그의 볼품없는 시체, 빛나지 않은 죽음의 결말에도 불구하고 우리에게 예수의 죽음이 소중한 이유가 무엇인지 렘브란트의 그림은 묻고 있다.

렘브란트의 그림에서 아직 해명되지 않은 한 인물이 있다. 예수의 오른팔을 꺾듯이 들고 내리는 푸른 옷을 입은 사람. 그의 얼굴을 보면 우리는 그가 바로 렘브란트임을 알 수 있다. 당시 미술가들은 몇 가지 이유 때문에 그림에 자신의 얼굴을 그려넣었다. 보통은 작품의 제작자를 알리기 위해서였다. 역사화의 경우에는 역사적 목격자로서 자신의 위치를 고양시키기 위해서, 종교화의 경우에는 '그때 그곳'과 '지금 이곳'을 연결하기 위해서였다. 렘브란트는 그림에 참여해서 우리를 대표하여 예수 죽음의 의미와 이유를 묻고 있다. 그는 예수를 십자가에서 내리면서 물끄러미 인간이 되신 하나님을 바라본다. 버림받고 고난을 겪은 하나님, 십자가에 못 박힌 인간이 되신 하나님, 늘어진 육체와 함께 숨을 거둔 인간이 되신 하나님의 죽음을. 우리는 육이 되었다가 결국 시체가 된 하나님을 응시함으로써 무슨 답을 얻었느냐고 렘브란트에게 묻지 않는다. 다만 렘브란트와 같이 인간이 된 하나님을 다시금 새롭게 바라보려 한다.

이제 예수 그림에 나타난 렘브란트의 성서화 미학의 정수가 무엇인지에 대한 질문에 부분적으로 답할 때가 왔다. 렘브란트의 성서화는 지극히 작은 사람들 가운데 하나가 되어 인간을 찾아오신 하나님, 그래서 고통 당하는 하나님을 포착하고, 그 하나님을 보도록(visio dei) 한다. 렘브란트가 포착한 예수, 곧 하나님의 모습은 으리으리하게 저 멀리서 우리와 상관 없이 계신 분이 아니었다. 하나님은 여기 비천한 이들과 같이 있다. 아니, 하나님은 비천한 우리들 가운데 있는 누군가이다. 렘브란트의 성서화 속에서는 고통과 인간됨이 강조된 예수가 도리어 하나님을 보여준다니 참으로 놀라운 역설 아닌가.

12

예수와 '나'를 찾아가는 길-예수 상과 자화상

:: 배경이 되는 말씀

누가복음서 24:13-36

앞 장에서 우리는 렘브란트가 그린 예수 상, 곧 지극히 작은 사람들 가운데 하나가 되어 인간을 찾아오신 하나님, 그래서 고통 당하는 하나님인 예수를 살펴보았다. 렘브란트가 실재를 감지하고 표현하는 역설적 방식을 우리는 이전 글에서 렘브란트의 '변증법'이라고 불렀다. 고결한 인간 정신과 동물적 본능, 거룩함과 속됨, 신적인 것과 인간적인 것 등 대비되는 두 차원은 렘브란트에 의해 한 화면 안으로 들어온다. 한 화면 속에 담긴 두 세계는 부대끼며 만나 서로의 모습을 더욱 밝혀주고, 이를 통해 실재의 진실은 여여히 제 얼굴을 드러낸다. 이를 통해 렘브란트는 실재를 현시하고 암시하며 환기하도록 하는 계시의 중개자 역할을 수행한다. 이 계시의 중개자는 예수를 통해 하나님의 인간성과 고통을 전해주는 동시에 인간의 모습을 한 예수에게서 영원과 하나님을 보도록 돕는다.

우리는 그의 그림을 보며 감탄하다가 그의 '깨달음'이 어디로부터 왔는지가 궁금해진다. 학교교육이나 가정교육이 그 깨달음의 출처가 아닌 것은 분명하다. 대학을 잠시 다닌 것이 그의 정규교육의 전부였고, 비록 가정 안에서 신앙교육이 아주 없지는 않았겠지만 렘브란트의 부모는 제분업자였다.

그림 1 화가 렘브란트는 젊은 시절부터 여러 형태의 자화상을 그렸다. 이는 '자기'에 대한 관심을 반영할 뿐 아니라 다양한 감정과 표정을 화폭에 담는 기법에 대한 연구이기도 했다.

칼뱅주의 교회에 정기적으로 다니지도 않았고, 비록 급진적 종교개혁의 분파인 메노나이트에 관심을 보였지만 그 교파에 열성적인 교인도 아니었다. 도리어 일부 사람들은 그를 "비천한 성품에 우둔한 머리"로 "보잘것없는 사람들과 즐겨 만나며" 사치와 방탕으로 재산을 탕진할 뿐 아니라 아내와 사별한 후 다른 여인과 혼인신고도 하지 않고 동거한 인물이었다고 비난한다. 그런 그가 그려내는 심원한 종교화는 감상자들에게 일종의 불가사의다. 렘브란트가 자기 그림의 독립성을 위해 얼마나 지난한 연습의 과정을 겪었는지는 충분히 알려져 있지만(그림 1 참조) 성서화를 그려내는 그의 통찰력의 근원은 '연습'으로 달성될 수 있는 것이 아니다. 그의 번잡하고 누추한 삶의 그림자 한 켠에도 실재의 비밀의 꽃이 활짝 만개한 적이 있었던 것일까?

엠마오의 예수 - 실재의 드러남과 숨음

누가는 예수가 십자가에 달려 큰 소리로 "아버지, 내 영혼을 아버지 손에 맡깁니다."(눅 23:46)라고 외치며 숨을 거두었다고 전한다. 어떤 기적도 일어나지 않은 예수의 죽음과 마지막 말은 비감(悲感)을 자아낸다. 누가복음서 저자는 낮 12시부터 오후 3시까지 어둠이 온 땅을 덮었고 해가 빛을 잃었다고 쓰면서 예수의 죽음에 대한 자연물의 슬픔을 전한다. 이후 누가는 그 사건의 책임자였던, 그래서 심정적으로 예수에게서 가장 멀리 있던 사람인 로마의 백부장, 그리고 예수의 십자가를 구경하러 모여든 유대인 무리, 예수를 아는 사람들, 마지막으로 갈릴리에서부터 예수를 따라다닌 여인들 순으로 그 비극의 현장에 함께한 사람들의 모습을 묘사한다.(눅 23:44-49) 마침내 예수는 무덤에 묻혔다. 예수에게 소망을 걸었던 많은 이들은 허망한 심정을 가눌 길 없었다. 제자들은 숨었고, 선생을 잃은 공동체는 비통 가운데 흩어질 태세였다. 제자들 가운데 두 사람은 이미 예루살렘을 떠나 약 30리 떨어진 엠마오로

그림 2 렘브란트, 〈엠마오로 가는 길〉, 1655
드로잉, 17×22cm, 파리, 루브르 박물관

향했다.(눅 24:13-36)

엠마오로 발길을 돌렸다 하더라도 그들이 품었던 소망에 얽힌 한 줌 미련이 쉽게 증발해버릴 리 없었다. 두 제자는 예수를 만난 때부터 일어난 모든 일을 서로 이야기하며 토론하였다. 그때 한 사람이 그들 사이에 불쑥 나타나 무슨 말을 나누느냐며 대화에 끼어들었다. 침통한 표정의 글로바는 예루살렘에서 벌어진 나사렛 예수에 관한 일을 모르느냐며 나무라듯 대꾸하고는 그들이 예수에게 걸었던 희망을 풀어놓았다. 하나님과 모든 백성 앞에서 행동과 말에 힘이 있던 예언자, 많은 이들이 이스라엘의 구원자라고 소망을 걸었던 예수의 죽음과 그가 부활했다는 여인들의 증언에 이르기까지.

렘브란트는 엠마오 이야기에 관한 여러 작품을 남겼는데, 바로 이 장면에 대한 드로잉 작품도 있다. 〈엠마오로 가는 길〉(그림 2)의 세 인물 중 오른쪽에 위치한 사람이 글로바로 보인다. 손을 예수의 턱밑까지 거침없이 들고는 그간의 일을 다소 격정적으로 전해주는 모습이다. 예수와 또 한 명의 동행인은 글로바에게 주목한다. 가운데 있는 예수와 글로바 사이의 병행이 흥미롭다. 둘은 발을 맞추면서, 오른손을 들고 왼손을 허리춤에 놓는다. 화가는 두 인물의 자세를 병행하여 둘 사이에 교감이 오고감을 나타낸 것일까? 적어도 깊은 대화가 오고갔음을 보여주려는 화가의 의도를 감지할 수는 있다. 글로바의 이야기가 끝나자 이제 예수의 차례가 왔다.

예수는 허탄한 마음의 글로바 일행을 "어리석은 사람들"이라고 꾸짖으며 말을 시작한다. 무엇이 어리석다는 것일까? 예언자들이 말한 모든 것을 더디 믿는 마음의 무딤, 그리고 성서가 그리스도에 관해 기록한 의미를 미처 깨닫지 못한 둔함을 탓한 것이리라. 아니, 무엇보다도 글로바 일행의 어리석음은 바로 자신들 가운데 예수가 함께함을 깨닫지 못한 데에 있다. 부활한 예수가 자신들과 함께 걷고 있는데, 그들은 죽은 예수를 슬퍼하며 절망한다. 실재의 진실을 볼 수 있는 눈이 감겼다.

글로바 일행은 부활한 예수와 그의 말, 곧 그토록 익숙하고 동시에 그토록 새로운 예수와 그의 말씀에 마음이 뜨거워졌으나 눈은 여전히 어두웠고 엄연히 살아 있는 생명의 소망을 간파하지 못했다. 그러나 그들은 자신들의 마음을 뜨겁게 하는 부활한 예수, 곧 누군지 잘 알았으나 동시에 누군지 잘 알 수 없는 예수에게 함께 묵자로 청한다. 말씀을 더 들을 요량이었는지 모른다. 그들은 음식을 차리고 자리에 앉았다. 예수가 빵을 들어 축복하고 떼어서 그들에게 주는 그 순간, 유월절 만찬(눅 22:19)의 장면이 재현되는 바로 그 때, 글로바 일행의 눈이 열렸다. 그러나 계시는 찰나에 존재한다. 예수가 그토록 분명히 눈에 보이는 그 촌음(寸陰)에 예수는 사라져버린다! 실재의 비밀이 드러나는 그 시간의 양은 적을 수 있다. 아니, 적게 마련이다. 그러나 깊이로 흐르는 시간이 있다. 깊이로 흐르는 시간은 길이로 하면 분음(分陰)이나 깊이로 하면 영겁이다. 틸리히(P. Tillich)를 빌려 말하면 카이로스(kairos)라 할 만한 그런 계시의 촌각(寸刻), 그 극적인 이야기는 여러 화가에 의해 그림으로 옮겨졌다.

렘브란트가 영향을 받았을 그의 선생 라스트만이나 루벤스가 로마에 있을 때 그들은 모두 이 주제와 관련된 대가의 걸작을 보았다. 바로 카라바조의 〈엠마오의 저녁 식사〉(그림 3)이다. 카라바조의 그림을 보라. 인물의 상반신만으로 장면을 연출하고, 작가가 창조한 빛을 이용하여 자신의 의도를 분명히 나타내며, 인물이 과장된 연극적 자세를 취하는 등 그림에는 카라바조 특유의 기법이 고스란히 묻어난다. 카라바조 작품의 구입 대행자 역할도 했던 루벤스는 카라바조 작품의 영향을 받았다.(그림 4) 카라바조는 화면 왼편에 있는 사람이 깜짝 놀라 의자를 밀치고 일어나는 듯이 그렸는데, 루벤스는 이를 더욱 극적이고 과장되게 식탁을 밀치듯 일어나 있도록 하였다. 카라바조는 화면 오른쪽에 있는 사람이 팔을 펼치고 손을 넓게 벌리도록 했는데, 루벤스의 그림에서 그에 대응하는 인물도 이와 유사하게 처리되었다. 그러나 루벤스는 예수의 몸짓과 표정에서만큼은 자신의 생각을 드러냈다. 카라바조의 눈을 감은 듯한 예수는 오른손을 화면 가운데로 쳐들고는 관람자들을 식탁으

그림 3 카라바조, 〈엠마오의 저녁 식사〉, 1600–1601
유채, 141×196.2cm, 런던, 국립미술관

그림 4
루벤스, 〈엠마오의 저녁 식사〉
1610, 유화, 205×188cm, 파리
에글리제, 성 유슈타크

로, 곧 부활한 예수가 계시되는 장소로 불러들인다. 반면 루벤스의 예수는 위를 올려다본다. 카라바조가 그린 예수의 특징이 예수 자신이 그가 앉아 있는 식탁으로 관객들을 부르는 손동작에 있다면, 루벤스의 예수는 위를 올려다보고 있다. 이를 통해 루벤스는 관람자들도 예수가 아니라 예수처럼 하늘을 바라보도록 한다. 이를 분명히 하기 위해 루벤스는 카라바조 그림에서 단지 옆에서 시중들던 청년에 상응하는 인물이 예수처럼 하늘을 올려다보게 그렸다. 식탁 시중은 그림 오른편의 한 여성에게 맡긴 채로 말이다. 식탁에 놓인 음식에서도 카라바조와 루벤스 사이의 차이를 볼 수 있다. 카라바조가 그린 식탁에는 빵과 함께 과일과 고기가 있다. 그것은 평범한 저녁 식사이다. 그러나 루벤스가 차린 식탁에는 빵이 도드라지는데, 루벤스의 예수는 빵을 '떼고' 있다. 이 장면은 분명히 유월절 만찬 때의 모습, 곧 성만찬을 암시한 것이다. 루벤스는 엠마오의 저녁 식탁, 다시 말해 성만찬이 시행될 때 예수의 정체가 밝혀지고 거기에 참여한 이들은 하늘을 바라보며 하늘로부터 내려온 은혜를 맛보게 된다고 해석한다.

렘브란트는 판화로 제작된 루벤스의 그림을 보았던 것이 분명하다. 그러나 22살의 그 젊은이는 대가들을 따라하면서 자신의 해석을 살짝 덧붙이는 방식으로 자신의 재주를 돋보이려 하지 않았다. 대신 그는 엠마오 장면을 그리면서 완전히 새로운 목표를 가졌다. 대가라 불리는 이들이 놓쳤으나 실상 이 이야기에서 가장 극적인 순간을 재현하려는 도전을 한 것이다. 이는 색의 선택에서도 드러난다. 카라바조나 루벤스와는 달리 렘브란트는 거의 단일한 색조에 명암의 변화를 통해 이 그림을 그려냈다. 후대에 컬러리스트라는 별칭을 얻었으며, 이미 당시에 화려한 색감을 과시하던 렘브란트에게 이러한 단일한 색조의 그림은 의도적인 선택의 결과이다. 렘브란트가 이 그림에서 달성하고픈 것은 예수의 '나타남'과 동시에 일어나는 '사라짐'을 한 화면에 담는 것이었고 이에 대한 제자들의 반응도 상상력 넘치게 포착하는 것이었다. 렘브란트는 이를 위해 다양한 색으로 초점을 흐리고 싶어하지 않았다.

전체적으로 어두운 모노톤의 '그림 5'에서 얼굴이 보이는 유일한 인물은 화면 가운데 있는 한 명의 제자밖에 없다. 렘브란트는 예수에게서 나온 듯한 밝은 빛을 벽에 반사되게 하여 제자의 얼굴을 비춘다. 예수는 신비로운 빛의 출처이지만, 그 빛은 벽 쪽을 향하고 있어 감상자들은 정작 화면 오른편에서 몸을 뒤로 기울인 예수의 실루엣만을 볼 수 있을 뿐이다. 이는 매우 계산된 처리인데, 화면 왼편 저 뒤에서 먹을거리를 준비하는 여인 역시 밝은 불빛을 몸으로 막고 감상자에게는 등을 돌리고 있다. 아마 빛 가까이에 있는 이들은 예수와 여인을 환히 볼 수 있을 것이다. 그러나 그림의 감상자들은 예수와 여인의 정체를 알려주는 불빛이 만들어내는 그림자 때문에 정작 예수와 여인의 얼굴을 볼 수 없다. 빛을 내는 사람이 그 비춤으로 생긴 그림자 속에서 보이지 않는다니, 흥미로운 발상 아닌가. 또한 예수 주위의 빛은 미세하게 흔들리고 있는데 이는 그가 제자들 앞에서 곧 사라질 것을 암시한다. 어둠 속에 숨은 빛의 근원이 곧 사라진다니, 재간 있는 역설 아닌가.

파리(Paris)의 미술관에 걸려 있는 원그림을 직접 보지 않는다면 제법 좋은 화질의 화첩을 접했다 하더라도 나머지 한 제자가 어디에 있는지 발견하기란 쉽지 않을 것이다. 그는 의자를 밀쳐내고 경배하듯 예수 앞에 몸을 완전히 구부리며 어둠 속에 있다. 어둠 속에 있는 이 제자와 빛을 받는 제자의 모

그림 5 렘브란트, 〈엠마오의 저녁 식사〉, 1628
유화, 37.4×42.3cm, 파리, 쟈크마르 앙드레 박물관

습을 비교하면 흥미로운 점을 발견할 수 있다. 빛 가운데 예수를 본 제자는 예수를 알아채고는 매우 놀라 어쩔 줄 모른다. 누가는 두 제자 중 한 사람의 이름만을 글로바로 밝혀놓았는데, 빛 가운데 얼굴이 드러난 이가 정체가 알려진 글로바일 것이다. 렘브란트는 글로바의 심리를 드러내고자 했다. 오른

팔은 놀라움을, 자신을 보호하려는 듯 몸 안쪽 가까이 가져간 왼손은 불안함을 표현한다. 또 글로바 머리 위에 위태하게 걸려 있는 가방 역시 그의 심리 상태를 나타내는 것 같다. 반면 이름이 밝혀지지 않은 제자, 곧 어둠 가운데 있는 제자는 어둠 가운데 있는 예수에게 예배하듯 꿇어 엎드린다. 예수의 모습이 완연히 드러나지 않았지만 그 믿음 깊은 제자는 어둠 속에서도 경배할 수 있었다. 훤히 드러난 예수를 보는 밝은 데에 있는 제자는 놀라 어쩔 줄 모르나, 어둠 속 예수의 실루엣만을 앞에 두고도 정체 모를 제자는 깊은 신심으로 무릎을 꿇는다. 이로써 희미한 그림자 속에서 실루엣만 보이는 예수를 경배하는 큰 믿음과, 분명한 예수의 현현에도 놀라고 두려워하는 작은 믿음의 차이가 선명해진다.

렘브란트는 이후에도 이 주제로 여러 차례 그림을 그렸다. 1648년에는 최소한 2점의 유화와 1개의 드로잉 작품을 제작했다. 그만큼 엠마오 이야기는 렘브란트가 재차 도전해보고 싶은 주제였다. 펜과 브러쉬로 드로잉한 〈엠마오 식탁에서 일어난 예수의 사라짐〉(그림 6)은 예수가 '없이 있음'을 그린 것이다. '그림 6'의 없이 있는 예수를 보라. 아니, 정확히 말하자면 방금까지 예수가 있었던 자리에서 없이 있는 예수의 흔적을 보라. 예수를 알아보는 그 순간에 사라지는 예수, 그것이 영원이 유한한 인간에게 계시되는 방식이다. 예수를 이렇게 역설적으로 그리는 것은 완전한 하나님이면서 동시에 완전한 인간이라고 고백되는 예수의 존재 자체에서 연유하였다. 그러한 모순적 존재, 곧 영원과 유한, 신성과 인성, 절대와 상대가 공존하는 예수라는 존재를 멋지게 그리는 것은 예술가가 평생을 두고 달성하고픈 목적이 될 만하다. 물론 렘브란트만이 이 과제에 도전한 예술가는 아니었다. 이와 같은 목표를 성

취하고자 하는 서양의 예술가들은 이른바 '베로니카의 수건'을 그렸다.

성서에는 나와 있지 않지만 베로니카의 수건 전설은 말을 길게 덧붙일 필요 없이 유명하다. 전설에 따르면 예수가 골고다를 향해 십자가를 지고 갈 때 베로니카라는 여인이 다가와 피와 땀에 젖은 예수에게 수건을 내밀었다고 한다. 예수는 수건을 받아 얼굴을 닦은 후 여인에게 되돌려주었고, 수건에는 놀랍게도 예수 얼굴의 형상이 선명히 남아 있었다. 다시 말해 그 수건은 예수의 유일한 초상화가 되었다. '그림 7'은 베로니카의 수건을 그린 많은

그림 6 렘브란트, 〈엠마오 식탁에서 일어난 예수의 사라짐〉, 1648-1649
펜과 브러쉬 드로잉, 20×18cm, 캠브리지, 피츠윌리엄 박물관

그림 7
로베르 캉팽, 〈성 베로니카〉, 1430
목판에 유화, 151.5×61cm
프랑크푸르트, 슈테델 미술관

화가들 중 로베르 캉팽의 작품이다. 주목해서 볼 것은 베로니카가 들고 있는 수건과 거기에 있는 예수의 얼굴이다. 자세히 보면 수건은 여러 번 접어 보관한 흔적이 또렷하다. 수건은 접힌 대로 가로 세로 줄이 나 있다. 그러나 마치 수건 위에 부유(浮游)하듯 예수의 얼굴에는 접힌 흔적이 없다. 그러니 참 신기한 노릇 아닌가. 예수의 얼굴은 베로니카의 수건에 있지만, 다시 말해 다른 수건이 아닌 바로 베로니카의 수건에서만 예수의 얼굴을 찾아볼 수 있지만, 동시에 예수의 얼굴은 그 수건에 종속되거나 구애받지 않는다. 예수의 얼굴 형상은 다른 형상이 수건에 존재하는 방식과는 완전히 다르게 존재한다. 그 형상은 베로니카 수건에 '없이 있고', '있이 없다.'

나는 렘브란트가 예수를 그리면서 단지 예수 이야기에서 교훈을 찾아 그것을 전달하고자 했다고 생각하지 않는다. 그는 고루한 설교가가 아니라 기본적으로 아름다움을 탐구하고, 아름다움이 나타나는 방식과 아름다움의 실재를 알고자 한 예술가였다. 그에게 예수 그림은 예술가의 궁극적 탐구를 수행하기에 적합한 그림이었다. 그의 감동적인 그림들은 실재의 비밀 한 켠이 슬쩍 열려 섬광처럼 화가의 마음에 번쩍였던 찰나가 있었으리라는 추측을 가능케 한다.

렘브란트의 자화상 – '나'의 드러남과 숨음

렘브란트에게 '예수'가 실재의 드러남과 숨음을 이해하고 표상하게 하는 대상이었다면, 자화상은 '나'의 드러남과 숨음을 이해하고 나타내는 길이었다. 예수, 곧 실재에 대한 예술적 탐험이 렘브란트 평생에 지속되었듯이 자화상, 곧 내면에 대한 예술적 탐구도 그러했다. 객관으로서의 예수와 주관으로서의 '나'에 대한 렘브란트의 예술 여행은 균형 감각을 이루고 있었다.

렘브란트가 그린 최소한 80여 점 이상의 자화상은 그의 생애 마디마디에 남아 있는 자전적 기록이자 자아를 찾아나선 흔적들이다. 알브레히트 뒤러나 루벤스 등 위대한 화가들 역시 특징적인 자화상을 그렸지만 그것들은 렘브란트 자화상의 수나 깊이를 따라가지 못한다. 후대 화가 중에서도 렘브란트의 자화상을 논할 때 함께 언급할 수 있는 사람은 빈센트 반 고흐 정도밖에 없다. 하나의 예술 장르로 승격된 렘브란트의 자화상이 탄생한 배경에는 '개인'을 새롭게 발견한 시대의 사조가 있었다. 렘브란트의 활동 시기 전후에 '개인'이 기록되고 연구될 만한 가치가 있다는 합의가 이루어졌다. 종교적 측면에서도 당시 형식적으로 치우친 가톨릭보다 인간의 내면을 중시하는 프로테스탄트의 부흥은 개인에 집중하도록 허락해주었다.

렘브란트의 자화상은 '나'의 드러남과 숨음을 동시에 관찰하면서 동일

그림 8 렘브란트, 〈사도 바울로 분한 자화상〉, 1661
유화, 91×77cm, 암스테르담, 레이크스 미술관

시와 객관화, 자기 침잠을 동반한 통전적 성찰이었다. 분명 그의 자화상은 자아에 대한 관심의 표현이지만 이것을 단지 '나의 드러냄'이나 과시만으로 이해해서는 안 된다. 인간 심리에 일가견을 자랑하던 니체의 "자신에 관해 이야기하는 것은 또한 자신을 숨기는 수단이 된다."라는 말은 옳다. 가령 아우구스티누스의 다른 저작은 읽지 않고 『고백록』만을 읽고 그에 관해 이해하려는 것만큼 그를 오해하는 길도 없을 것이다. 자화상은 자기 이해와 침잠, 그리고 객관화 및 자기 소외 모두를 포함한다. 동서고금을 막론하고 초상화든 자화상이든 자신이 그려진 그림을 들고는 자신을 통전적으로 돌아보고 묻게 마련이다. 비록 지리적 거리는 멀다 하더라도 렘브란트와 동시대인인 왕부지(王夫之, 1619-1692)가 말년에 자신을 그린 초상화 한 점을 선물로 받고

적었다는 시 한 편이 기억난다. "거울을 손에 쥐고 서로를 쳐다보나 누군지 알 수 없다. 사람들에게 이 사람이 누구냐고 물으니 생강 선생이라 말한다." (把鏡相着認不來 問人云此是薑齋)

렘브란트의 자화상 가운데 가장 잘 알려진 것은 〈사도 바울로 분한 자화상〉(그림 8)이다. 사도 바울의 모습을 이미 여러 번 그렸던 렘브란트는 마침내 자신을 모델로 사도 바울의 모습을 표현했다. 아니, 사도 바울을 자기 안에서 발견한 것일까? 이 자화상에는 사도 바울의 삶을 보여주는 두 가지 아이콘이 들어 있다. 하나는 그가 들고 있는 성서이다. 이것은 사도 바울의 'vita contemplativa', 곧 관조적 삶, 명상적 삶을 상징한다. 새삼스럽게 말할 것도 없이 신약성서 27개의 문서 중 13편에 달하는 편지가 사도 바울의 이름으로 되어 있다. 그는 학자의 이상적 모범이기도 하였다. 또 다른 아이콘은 다소 희미하지만 그의 품속에 있는 칼이다. 이 칼은 'vita attiva', 곧 역동적 삶을 상징한다. 사도행전의 기록에 의하면 바울은 세 차례에 걸친 선교 여행을 하였다. 무려 2만 킬로미터! 바울은 오늘날의 감각으로도 짧지 않은 이 거리를 열정적으로 누비고 다녔다. 자신을 바울로, 아니 바울을 자기로 그린 이 그림은 바울 자신의 권고가 성실히 수행된 것으로도 볼 수 있다. 바울은 고린도 교회에 다음과 같은 권면을 써 보냈다. "그러므로 여러분들에게 권합니다. 나의 닮은꼴이 되시오."(고전 4:16)

55세의 렘브란트가 그린 달관한 듯도 하고 다소 감상적이기도 한 이 자화상은 마침내 관람자들에게 바울이나 렘브란트가 아니라 자기 자신에 관해 곱씹게 만든다. 그의 자화상은 오늘날에도 '자기'를 묻는 사람들에게 그 답에 다가가는 여러 길, 곧 자신의 객관화, 모방을 통한 자기 찾기, 자신 속에 존재하는 여러 인격체를 드러내기 등등을 모색하게 한다.

렘브란트의 자화상 가운데 〈사도 바울로 분한 자화상〉을 먼저 살펴보았지만, 렘브란트에게는 화가로서 자신을 이해하려는 시도가 그의 자화상 가운데 핵심적 위치를 차지한다. 생애 마지막 20년 동안의 자화상이 주로 화가로 일하는 모습의 자화상임을 감안하면 더욱 그러하다. 〈작업실의 화가〉(그림 9)는 비록 얼굴이 선명하지 않아 자화상이라고 단정할 수는 없지만 이 작품은 렘브란트가 직업 화가를 시작한 지 얼마 지나지 않아 그린 것으로 여기에는 젊은 시절 그가 생각하는 화가, 작품, 감상자에 관한 이념이 잘 드러나 있다.

〈작업실의 화가〉의 가장 큰 특징은 캔버스와 이젤의 위치와 크기이다. 캔버스와 이젤은 화면의 정중앙을 당당히 차지한다. 대신 화가는 왼편 뒤에 머물러 캔버스를 바라본다. 큰 캔버스에 비해 작은 화가. 어쩌면 캔버스의 크기에 압도당할 듯도 하지만 화가는 결코 주눅 들지 않았다. 큰 화면을 채울 생각을 찬찬히 하고 있는 것은 물론, 구상이 끝나면 양손에 붓을 들고 이를 캔버스에 옮길 것이다. 누군가 '인생'(人生)에서 '생'(生)자를 '인'(人)자 보다 두 배 이상 크게 써놓고, 삶의 무게에 관해 이야기한 적이 있다. 그러나 젊은 화가, 곧 렘브란트가 생각한 화가는 자신이 도전하는 목표가 결코 쉽지 않음을 알지만 주저하지 않는 인물이다.

빛의 처리와 캔버스의 위치도 흥미롭다. 관람자들은 캔버스의 뒤와 이젤만을 볼 수 있을 뿐이다. 그들은 캔버스에 무엇이 그려져 있는지 알 수 없다. 다만 화가만이 캔버스의 그림을 본다. 그림의 진정한 의미는 화가에게만 알려져 있다는 뜻일까? 많은 예술가처럼 렘브란트 역시 어줍잖은 평론가들을 조롱하기를 즐겼다. 〈예술 비평가들에 대한 조롱〉(그림 10)을 보라. 당나귀

그림 9 렘브란트, 〈작업실의 화가〉, 1629
목판에 유채, 25×32cm, 보스턴 미술관

그림 10 렘브란트, 〈예술 비평가들에 대한 조롱〉, 1644
펜과 갈색 잉크 드로잉, 15.6×20cm, 뉴욕, 메트로폴리탄 미술관

를 한 비평가가 그림 중앙에 놓인 초상화에 대해 이러쿵저러쿵 비평하고 있다. 그림의 등장인물들은 그의 비평에 귀를 기울인다. 그러나 오른쪽 그림 뒤에 한 사람, 아마도 그 그림을 그린 화가일지 모르는 그 사람은 뒤를 닦는다. 비평가의 비평에 대한 화가의 응답이다. 해학이 넘친다. 그렇다고 〈작업실의 화가〉의 초점이 화가에 있는 것은 아니다. 그림의 초점은 중앙에 놓인 캔버스이다. 화가도 캔버스 주위에 있을 뿐이다. 이를 통해 렘브란트는 영원히 빛 속에 간직되는 것은 화가도 감상자도 아닌 예술 그 자체라고 주장하는지 모른다. 사실이 그러하다. 화가가 제아무리 구상하고 예술적 이념을 화폭

에 옮겼다 하더라도 작품의 의의는 화가의 의도에 머물지 않는다. 시인들은 이를 일찍이 알았다. "위대한 시인은 자기 자신에 대해 쓰면서 동시에 자기 시대를 그린다"(T. S. 엘리어트)지만 "작품이 완벽할 때 그 작품에는 본질적으로 작자를 알 수 없는 무언가가 담겨 있다."(시몬 베유) 김수영의 말대로 때로 "시인은 자기의 시에 대해 장님"이 되기도 한다. 예술적 이념은 예술가를 마치 추구(芻狗)처럼 사용하는지 모른다. 추구는 제사가 끝나면 버려지지만 제사 자체는 남는 것 아닌가. 젊은 시절 그린 〈작업실의 화가〉는 렘브란트의 평생을 이해하게 해준다. 〈제욱시스로 분한 자화상〉에서 본 것처럼 그는 죽는 순간까지 예술가로서 웃다 죽기를 바랐다. 위대한 예술의 제단에 추구가 된다 해도 즐거운 일이 아닌가. 이것이 그가 도착한 '자화상'의 종착지였다.

부록

렘브란트 표면적 생애 개관

성서의 풍경화가, 렘브란트

책 전체에서 렘브란트의 표면적 생애를 재구성할 이야기들을 이미 펼쳐 놓았다. '부록'에서는 그 이야기들을 한 곳에 모아 독자들에게 편의를 제공하고자 한다. 나는 '표면적'이라는 말을 덧붙였다. 표리부동(表裏不同)은 흔히 위선(僞善)을 고발하는 말이지만 가끔 위악(僞惡)적 인물을 탐구할 때에도 잊지 말아야 할 어구이다. 렘브란트는 위선적이려고 하지 않았다. 도리어 위악적 인물에 가까웠다. 그의 생애가 통상적 도덕 기준에 따르면 모범적이지 않았던 것은 분명하나 그것으로 그의 영감 어린 작품을 폄훼하는 잘못을 범할 필요는 없다. 연꽃은 더러운 물에서도 자라고, 난향(蘭香)은 거름을 먹고 난다. 인간의 겉과 속은 때로 붙고 떨어지며, 곰팡이가 잔뜩 핀 벽과 같다가도 난데없이 거룩한 바람이 불어오는 곳 아닌가. 내가 '표면적'이라는 단어를 굳이 덧댄 이유는 드러난 그의 생애가 그의 작품을 이해하는 단 '하나의' 면임을 한정하려는 의도에서 비롯되었다.

렘브란트(Rembrandt Harmenszoon van Rijn)는 1606년 7월 15일 네덜란드의 레이덴에서 태어나 1669년 10월 4일 숨을 거두었다. 네덜란드뿐 아니라 서양미술사에서 가장 위대한 화가 중 하나로 평가되는 그는 이른바 네덜란드의 황금 시기를 주도한 바로크 시대의 예술가였다.

제분업자의 아홉 번째 아이로 태어난 그는 어린 시절 라틴어 학교를 졸업하고 레이덴 대학에 등록하였다. 그러나 이때 이미 미술에 관심을 갖고 대학을 중퇴, 레이덴의 역사화가 야콥 판 스바넨뷔르흐(Jacob van Swanenburgh)에게서 3년 간의 기본적인 미술 교육을 받았다. 이후 이탈리아 유학을 거쳐 나름 명성을 얻고 있던 암스테르담의 피터르 라스트만(Piter Lastman)의 제자가 된다. 1624년 혹은 1625년 불과 만 20살이 되기도 전에 렘브란트는 고향 레이덴에 동료이자 경쟁자였던 얀 리번스(Jan Lievens)와 스튜디오를 차렸다. 21살 무렵에는 제자들을 받기 시작했는데 그 가운데는 헤릿 도우(Gerard Dou)와 같이 훗날 스승보다 비싼 값에 그림을 판 이들도 생겨났다. 유력한 정치가였던 호이겐스(Constantijn Huygens)가 젊은 렘브란트와 동료 리번스의 천부적 재능을 발견하였고, 그를 통하여 둘은 이름을 알리게 되었다.

1631년 렘브란트는 암스테르담으로 이주하여 자신의 재능을 본격적으로 시험하였다. 신흥 부르주아 세력들이 새로운 예술의 후원자로 등장하기 시작하면서 렘브란트는 초상화가로 성공을 거두었다. 암스테르담은 부와 성공뿐 아니라 사랑도 얻게 해주었는데 1634년 렘브란트는 유력한 집안의 딸인 사스키아(Saskia van Uylenburg)와 약혼을 하였다. 사스키아의 친척들은 제분업자 집안과 사돈이 되기를 거부했다. 전하는 바에 따르면 렘브란트와 사스키아의 혼인식에 사스키아의 친척들은 참석하지 않았다고 한다. 그러나 렘브란트는 혼인한 그해에 암스테르담 화가 길드의 회원이 되었고 많은 제자들이 그를 찾아왔다. 당시 네덜란드 화가들에게 필수로 생각되던 이탈리아 유학을 하기에는 렘브란트 자신의 표현대로 그는 너무 바빴다.

1639년 렘브란트 가족은 암스테르담 번화가에 적지 않은 빚을 지고 집을 장만하였다. 렘브란트의 수입은 상당하여 당시의 빚은 큰 부담이 아니었다. 그러나 그는 자신의 낭비에 가까운 씀씀이를 계산에 넣지 않았다. 사스키아는 1635년에서 1640년 사이에 3명의 딸과 아들을 낳았지만 모두 두 달을 넘기지 못하고 죽었다. 네 번째 아이인 티투스만이 1641년에 태어나서 한 해를 넘기며 살았다. 그러나 정작 사스키아가 깊어진 병을 이기지 못하고 1642년 숨을 거둔다.

사스키아가 숨을 거둔 후 렘브란트의 재정 상태는 악화되었고, 그의 도덕적 평판도 나빠졌다. 렘브란트는 티투스의 보모로 들어온 디르크스(Geertje Dircx)와 떳떳하지 못한 관계를 맺었다. 둘 사이는 사랑보다는 돈에 얽힌 관계였다. 디르크스는 렘브란트가 자신에게 주기로 한 돈을 주지 않았다고 고발했고, 둘은 법정 다툼을 해야 했다. 디르크스와 렘브란트 사이에 문제가 발생한 것은 1640년대 후반부터였다. 집의 가사일을 하러 온 젊은 여인 헨드리키에 스토펠스(Hendrickje Stoffels)가 디르크스를 대신하게 된 것이다. 헨드리키에와 렘브란트 사이에서는 코르넬리아라는 딸도 태어났다. 네덜란드 개혁교회는 둘을 모두 소환하였다. 그러나 그 소환에 응한 이는 헨드리키에뿐이었다. 둘이 혼인을 안 한 이유는 본문에서 이미 밝혔듯이 사스키아의 유언 때문이었다. 재혼을 하면 유산 지급이 중단된다는.

1656년 렘브란트는 경제적으로 파산하였다. 소장품들은 경매되었고 작은 집으로 이사할 수 밖에 없었다. 1660년 렘브란트는 법적으로 화상(畵商)이 된 아들 티투스와 헨드리키에의 피고용인이 되어 생계를 이어갔다. 말년에 이르러 렘브란트의 명성은 유지되었지만 더 이상 인기 있는 화가는 아니었다. 그의 화풍은 새로운 유행에 밀렸고, 한때 그의 제자들이 스승보다 더 높은 가격에 그림을 팔기도 하였다.

1663년에는 헨드리키에가, 1668년에는 아들 티투스가 어린 딸을 남기고 숨을 거두었다. 아내 둘과 자녀 네 명을 앞세우고 난 1669년 10월 4일, 거장의 몸은 암스테르담에서 묘비명이 없는 무덤에 묻혔다.

그림 차례

• 페이지순

30 **마태와 천사**, 렘브란트, 1661, 유화, 96×81cm, 상트페테르부르크, 에르미타슈 미술관

32 **마태와 천사**, 카라바조, 1602, 유화, 292×186cm, 로마, 콘타렐리 성당

34 **예언자 안나**, 렘브란트, 1631, 유화, 60×48cm, 암스테르담, 레이크스 미술관

36 **예언자 안나**, 헤릿 도우, 유화, 파리, 루브르 박물관

38 **논쟁하는 두 노인(베드로와 바울)**, 렘브란트, 1628, 유화, 72.3×59.5cm, 멜버른, 빅토리아 국립박물관

43 **메노나이트 설교자 앙슬로와 그의 부인의 초상화**, 렘브란트, 1641, 유화, 176×210cm, 베를린, 국립 프로이센 문화재미술관

49 **설교하는 세례자 요한**, 렘브란트, 1634, 목판을 댄 캔버스, 62.7×81cm, 베를린 국립미술관

52 **세례자 요한**, 루벤스, 1611-1612, 유화, 136×40cm, 안트베르펜의 한 성당

58 **선한 사마리아인**, 렘브란트, 1633, 에칭, 25×20cm, 암스테르담, 레이크스 미술관

61 **선한 사마리아인**, 렘브란트, 1630/1632-1633, 유화, 26×21cm, 런던, 월리스컬렉션

63 **탕자로 분한 렘브란트와 사스키아**, 렘브란트, 1635, 유채, 161×131cm, 드레스덴 국립미술관

68 **아르테미시아**, 렘브란트, 1634, 유화, 142×152cm, 마드리드, 뮤제오 델 프라도

70 **들릴라에게 배신당하는 삼손**, 렘브란트, 1629-1630, 유화, 베를린 국립미술관

71 **결박당하는 삼손**, 렘브란트, 1636, 유화, 206×276cm, 프랑크푸르트 시립미술연구소

78 **병상에 누워 있는 사스키아**, 렘브란트, 1638, 종이 위에 갈색의 펜과 브러쉬, 워싱턴 국립미술관

82 **그리스도, 그리고 간음하다 잡혀온 여성**, 렘브란트, 1644, 유화, 83.8×65.4cm, 런던 국립미술관

88 **밧세바**, 렘브란트, 1654, 유화, 142×142cm, 파리, 루브르 박물관

91 **밧세바**, 렘브란트, 1643, 유화, 57.2×76.2cm, 뉴욕, 메트로폴리탄 미술관

94 **슬픔**, 반 고흐, 1882, 석판화, 39.1×29.9cm, 뉴욕, 현대미술관

97 **헬멧 직공의 아름다운 부인이었던 여인**, 로댕, 1880-1885, 청동, 94.5×30.5×19.7cm

101 **기도하는 다윗**, 렘브란트, 1652, 에칭 및 드라이포인트, 14×9.2cm, 뉴욕, 메트로폴리탄 미술관

108 **바니타스 상징과 함께 그린 자화상**, 데이비드 베일리, 1651, 목판에 유화, 89.5×122cm, 레이덴, 슈테델 미술관

111 **튤립**

112 **문 앞에서 구걸하는 부랑자 가족**, 렘브란트, 1648, 에칭과 드라이포인트, 16.6×12.9cm

112 **강둑에 앉은 거지로 분한 자화상**, 렘브란트, 1630, 에칭, 116×70cm

118 **어리석은 부자**, 렘브란트, 1627, 목판에 유화, 32×42.5cm, 베를린 국립미술관

121 **여인의 세 시기와 죽음**, 한스 발둥, 1510, 유화, 48×32.5cm, 비엔나 미술사 박물관

122 **죽은 두 마리 공작과 소녀**, 렘브란트, 1639, 유화, 145×135.5cm, 암스테르담, 레이크스 미술관

125 **도살된 소**, 렘브란트, 1640/1643, 유화, 73.3×51.8cm, 글래스고 미술관 겸 박물관

128 **툴프 박사의 해부학 교실**, 렘브란트, 1632, 캔버스에 유화, 169.5×216.5cm, 헤이그, 마우리츠하위스

131 **제욱시스로 분한 자화상**, 렘브란트, 1665, 유화, 82.5cm×65cm, 쾰른, 발라프 리하르츠 미술관

134 **아기 그리스도를 안고 있는 시므온**, 렘브란트, 1669, 유화, 81.3×65.5cm, 스톡홀름 국립박물관

143 **갈릴리 바다 폭풍 가운데 있는 예수와 제자들**, 렘브란트, 1633, 유화, 160×127cm, 보스톤, 이사벨라 스튜어트 가드너 미술관(도난)

148 **예수의 발 앞에 무릎 꿇은 마르다와 마리아**, 렘브란트, 1662, 펜 드로잉, 17×21cm, 클리블랜드 미술관

152 **나사로의 소생**, 렘브란트, 1630-1631, 목판에 유채, 96.2×81cm, 로스앤젤레스 카운티 미술관

152 **나사로의 소생**, 얀 리번스, 1631, 유화, 107×114cm, 브라이튼 미술관

155 **나사로의 소생**, 반 고흐, 1890, 유화, 50×65cm, 암스테르담, 반 고흐 미술관

161 **예루살렘의 멸망을 슬퍼하는 예레미야**, 렘브란트, 1630, 유화, 58.3×46.6cm, 암스테르담, 레이크스 미술관

162 **예언자 예레미야**, 미켈란젤로, 1508-1512, 프레스코, 시스티나 성당

167 **예수와 베드로의 만남**, 기적적으로 물고기를 잡음, 렘브란트, 1655, 펜과 브러쉬 드로잉, 18×19.2cm, 파리, 루브르 박물관

170 **빠져가는 베드로를 구하는 예수**, 렘브란트, 1632, 펜과 잉크 드로잉, 16.8×26.5cm, 영국, 브리티시 박물관

170 **빠져가는 베드로를 구하는 예수**, 렘브란트, 1658-1660, 드로잉

172 **예수를 모른다고 부인하는 베드로**, 렘브란트, 1660, 캔버스에 유화, 154×169cm, 암스테르담, 레이크스 미술관

176 **감옥 속에 있는 베드로**, 렘브란트, 패널에 유화, 59×47.8cm, 예루살렘, 이스라엘 박물관

179 **유흥산업**, 얀 산데르스 반 헤메센, 1640, 패널에 유화, 29×45cm, 베를린 국립미술관

186 **자신의 유산을 받아내는 작은 아들**, 렘브란트, 연도 미상, 드로잉

187 **집을 떠나는 탕자**, 렘브란트, 1634, 드로잉

188 **집을 떠나는 탕자**, 렘브란트, 1650년대, 드로잉

191 **창녀와 함께 있는 탕자**, 렘브란트, 1630년대, 소묘

192 **돼지치기가 된 탕자**, 렘브란트, 1645-1648, 드로잉, 16×23cm, 런던, 브리티시 박물관

194 **탕자의 귀환**, 렘브란트, 1636, 에칭, 16×14cm, 암스테르담, 레이크스 미술관

194 **탕자의 귀환**, 렘브란트, 1642, 드로잉, 19×23cm, 하알렘, 테일레르스 박물관

197 **탕자의 귀환**, 렘브란트, 1662-1669년 사이, 유화, 262×206cm, 상트페테르부르크, 에르미타슈 미술관

204 **이집트로 피신하다**, 지오토, 1304-1306, 프레스코, 200×185cm, 파도바, 카펠라 스크로베그니(아레나 성당)

206 **이집트로 피신하다**, 렘브란트, 1627, 유화, 26.5×24cm, 투르의 미술관

207 **이집트로 피난가는 성 가족**, 렘브란트, 1653, 에칭, 20.9×28.1cm, 토쿄 국립서양미술관

210 **세 농부 가족의 유랑**, 렘브란트, 1652, 11.3×9.2cm

213 **십자가로 올리다**, 피터 폴 루벤스, 1610-1611, 제단화 중 가운데 부분, 462×341cm, 안트베르펜 성당

213 **십자가에서 내리다**, 피터 폴 루벤스, 1611-1614, 제단화, 420×310cm, 안트베르펜 성당

215 **라오콘**, 대리석, 184cm, 로마, 바티칸 박물관

219 **십자가에서 내리다**, 렘브란트, 1632-1633, 목판에 유채, 89.6×65.2cm, 뮌헨, 알테피나코테크

223 **여러 형태의 자화상**, 렘브란트

225 **엠마오로 가는 길**, 렘브란트, 1655, 드로잉, 17×22cm, 파리, 루브르 박물관

228 **엠마오의 저녁 식사**, 카라바조, 1600-1601, 유채, 141×196.2cm, 런던, 국립미술관

228 **엠마오의 저녁 식사**, 루벤스, 1610, 유화, 205×188cm, 파리, 에글리제, 성 유슈타크

231 **엠마오의 저녁 식사**, 렘브란트, 1628, 유화, 37.4×42.3cm, 파리, 쟈크마르 앙드레 박물관

233 **엠마오 식탁에서 일어난 예수의 사라짐**, 렘브란트, 1648-1649, 펜과 브러쉬 드로잉, 20×18cm, 캠브리지, 피츠윌리엄 박물관

234 **성 베로니카**, 로베르 캉팽, 1430, 목판에 유화, 151.5×61cm, 프랑크푸르트, 슈테델 미술관

236 **사도 바울로 분한 자화상**, 렘브란트, 1661, 유화, 91×77cm, 암스테르담, 레이크스 미술관

239 **작업실의 화가**, 렘브란트, 1629, 목판에 유채, 25×32cm, 보스턴 미술관

239 **예술 비평가들에 대한 조롱**, 렘브란트, 1644, 펜과 갈색 잉크 드로잉, 15.6×20cm, 뉴욕, 메트로폴리탄 미술관

• 가나다순

갈릴리 바다 폭풍 가운데 있는 예수와 제자들, 143
감옥 속에 있는 베드로, 176
강둑에 앉은 거지로 분한 자화상, 112
결박당하는 삼손, 71
그리스도, 그리고 간음하다 잡혀온 여성, 82
기도하는 다윗, 101
나사로의 소생, 152
나사로의 소생, 반 고흐, 155
나사로의 소생, 얀 리번스, 152
논쟁하는 두 노인(베드로와 바울), 38
도살된 소, 125
돼지치기가 된 탕자, 192
들릴라에게 배신당하는 삼손, 70
라오콘, 215
마태와 천사, 30
마태와 천사, 카라바조, 32
메노나이트 설교자 앙슬로와 그의 부인의 초상화, 43
문 앞에서 구걸하는 부랑자 가족, 112
바니타스 상징과 함께 그린 자화상, 데이비드 베일리, 108
밧세바, 88
밧세바, 91
병상에 누워 있는 사스키아, 78
빠져가는 베드로를 구하는 예수, 170
빠져가는 베드로를 구하는 예수, 170
사도 바울로 분한 자화상, 236
선한 사마리아인, 58
선한 사마리아인, 61
설교하는 세례자 요한, 49
성 베로니카, 로베르 캉팽, 234
세 농부 가족의 유랑, 210
세례자 요한, 루벤스, 52
슬픔, 반 고흐, 94
십자가로 올리다, 피터 폴 루벤스, 213
십자가에서 내리다, 219
십자가에서 내리다, 피터 폴 루벤스, 213
아기 그리스도를 안고 있는 시므온, 134
아르테미시아, 68
어리석은 부자, 118
여러 형태의 자화상, 223
엠마오 식탁에서 일어난 예수의 사라짐, 233
엠마오로 가는 길, 225
엠마오의 저녁 식사, 231
엠마오의 저녁 식사, 루벤스, 228
엠마오의 저녁 식사, 카라바조, 228
여인의 세 시기와 죽음, 한스 발둥, 121
예루살렘의 멸망을 슬퍼하는 예레미야, 161
예수를 모른다고 부인하는 베드로, 172
예수와 베드로의 만남, 기적적으로 물고기를 잡음, 167
예수의 발 앞에 무릎 꿇은 마르다와 마리아, 148
예술 비평가들에 대한 조롱, 239
예언자 안나, 34
예언자 안나, 헤릿 도우, 36
예언자 예레미야, 미켈란젤로, 162
유흥산업, 얀 산데르스 반 헤메센, 179
이집트로 피난가는 성 가족, 207
이집트로 피신하다, 206
이집트로 피신하다, 지오토, 204
자신의 유산을 받아내는 작은 아들, 186
작업실의 화가, 239
제욱시스로 분한 자화상, 131
죽은 두 마리 공작과 소녀, 122
집을 떠나는 탕자, 187
집을 떠나는 탕자, 188
창녀와 함께 있는 탕자, 191
탕자로 분한 렘브란트와 사스키아, 63
탕자의 귀환, 194
탕자의 귀환, 194
탕자의 귀환, 197
툴프 박사의 해부학 교실, 128
튤립, 111
헬멧 직공의 아름다운 부인이었던 여인, 로댕, 97